Impressum
Verlag: BABADADA GmbH, Nedderfeld 112 , 22529 Hamburg
Geschäftsführer / Verlagsleitung: Harald Hof
Druck: Books on Demand GmbH, In de Tarpen 42, 22848 Norderstedt

Imprint
Publisher: BABADADA GmbH, Nedderfeld 112 , 22529 Hamburg, Germany
Managing Director / Publishing direction: Harald Hof
Print: Books on Demand GmbH, In de Tarpen 42, 22848 Norderstedt

مکتب
σχολείο

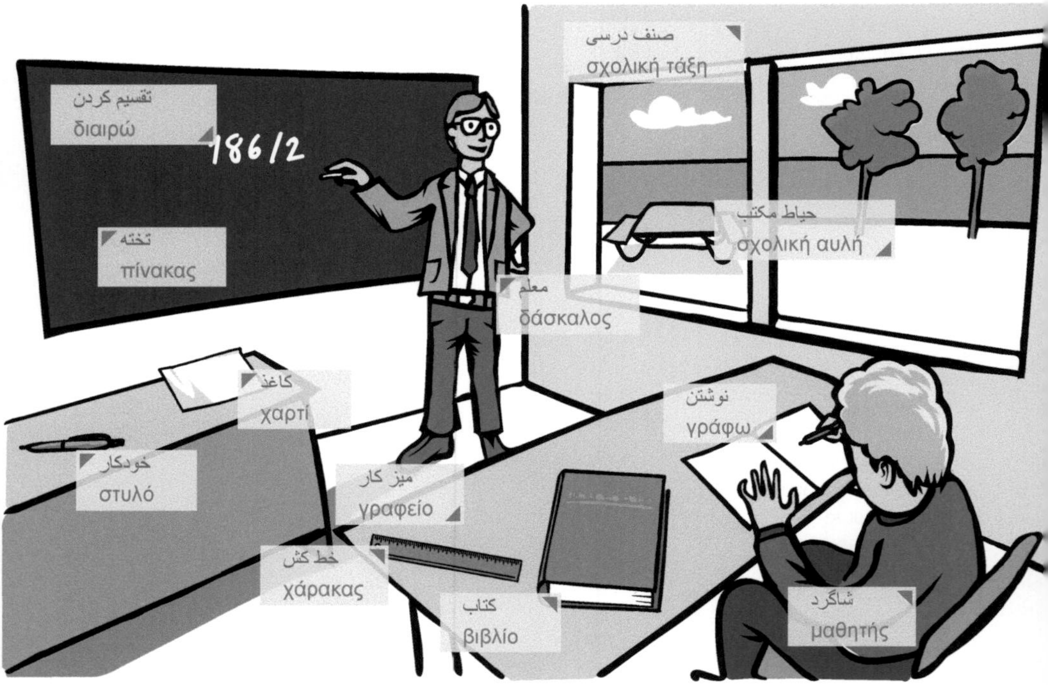

صنف درسی
σχολική τάξη
تقسیم کردن
διαιρώ
186/2
تخته
πίνακας
حیاط مکتب
σχολική αυλή
معلم
δάσκαλος
کاغذ
χαρτί
نوشتن
γράφω
خودکار
στυλό
میز کار
γραφείο
خط کش
χάρακας
کتاب
βιβλίο
شاگرد
μαθητής

بیگ مکتب
σχολική τσάντα

قلم دانی
κασετίνα/ μολυβοθήκη

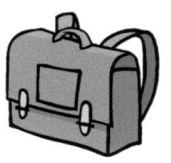

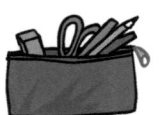

پنسل
μολύβι

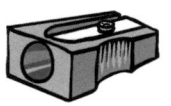

پنسل تراش
ξύστρα

پنسل پاک
γόμα

کتابچه رسم
μπλοκ ζωγραφικής

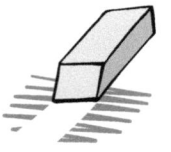

نقاشی

ζωγραφική

برس رنگ زنی

πινέλο

بکسک رنگه

κουτί χρωμάτων

قیچی

ψαλίδι

سریش

κόλλα

کتاب تمرین

τετράδιο ασκήσεων

کار خانگی

εργασία για το σπίτι

عدد

αριθμός

جمع کردن

προσθέτω

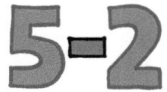

تفریق کردن

αφαιρώ

ضرب کردن

πολλαπλασιάζω

حساب کردن

υπολογίζω

حرف

γράμμα

الفبا

αλφάβητο

کلمه

λέξη

متن
κείμενο

خواندن
διαβάζω

تباشیر
κιμωλία

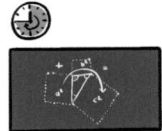

درس
μάθημα

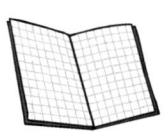

ثبت نام
εγγράφομαι

امتحان
τεστ

تصدیقنامه
πιστοποιητικό

یونیفورم مکتب
μαθητική στολή

تحصیل
εκπαίδευση

دانشنامه
εγκυκλοπαίδεια

پوهنتون
πανεπιστήμιο

مایکروسکوپ
μικροσκόπιο

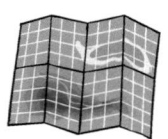

نقشه
χάρτης

سبد کاغذ باطله
καλάθι αχρήστων

سفر · هوتل
ξενοδοχείο

ليليه
ξενώνας

دفتر صرافی
ανταλλακτήρια συναλλάγματος

بيگ سفری
βαλίτσα

موتر
αυτοκίνητο

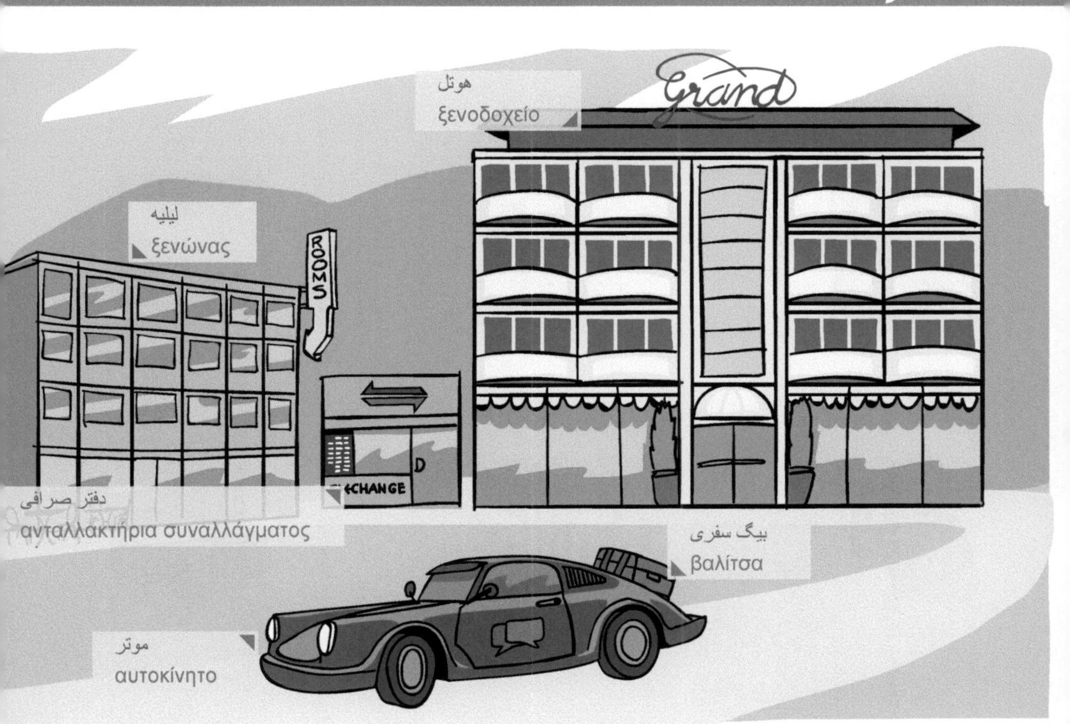

زبان
γλώσσα

بلی / نخير
ναι / όχι

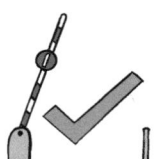

بسيار خوب
εντάξει

سلام
γεια σου

مترجم
μεταφραστής

تشکر از شما
Ευχαριστώ

قیمتش چقدر است؟

πόσο κάνει ;

نمی فهمم

Δε καταλαβαίνω

مشکل

πρόβλημα

عصر بخیر! / شب بخیر!

Καλησπέρα!

صبح بخیر!

Καλημέρα!

شب بخیر!

Καληνύχτα!

خداحافظ

Αντίο

مسیر

κατεύθυνση

بار مسافر

αποσκευές

بیگ

τσάντα

بیگ پشتکی

σακίδιο πλάτης

مهمان

καλεσμένος

اطاق

δωμάτιο

بستره خواب سیار

υπνόσακος

خیمه

σκηνή

معلومات توریستی
τουριστικές πληροφορίες

ساحل
παραλία

کریدیت کارت
πιστωτική κάρτα

صبحانه
πρωινό

طعام چاشت
μεσημεριανό

غذای شام
δείπνο

تکت
εισιτήριο

لفت
ανελκυστήρας

مهر
γραμματόσημο

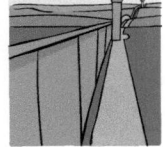

مرز
σύνορα

گمرک
τελωνείο

سفارتخانه
πρεσβεία

ویزه
βίζα

پاسپورت
διαβατήριο

حمل و نقل

μεταφορά

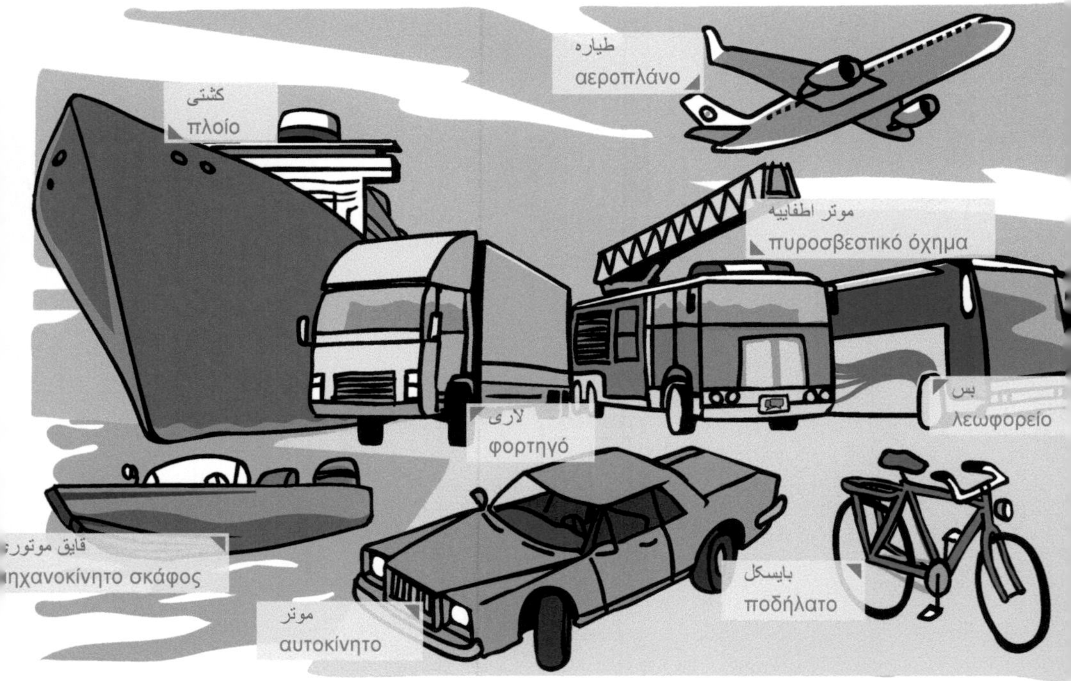

طیاره
αεροπλάνο
کشتی
πλοίο
موتر اطفاییه
πυροσβεστικό όχημα
لاری
φορτηγό
بس
λεωφορείο
قایق موتور
ηχανοκίνητο σκάφος
بایسکل
ποδήλατο
موتر
αυτοκίνητο

کشتی

φεριμπότ

قایق

βάρκα

موترسایکل

μοτοσικλέτα

موتر پولیس

περιπολικό

موتر مسابقه

αγωνιστικό αυτοκίνητο

موتر کرایی

ενοικιαζόμενο αυτοκίνητο

اشتراک وسایط
αμοιρασμός αυτοκινήτων

جرثقیل
γερανός

موتر حمل زباله
απορριμματοφόρο

موتور
κινητήρας

تیل
καύσιμο

تانک تیل
βενζινάδικο

علامت ترافیکی
πινακίδα σήμανσης

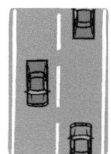

عبور و مرور
κυκλοφορία

راهبندان
κυκλοφοριακή συμφόρηση

پارک وسایط
χώρος στάθμευσης

ایستگاه ریل
σιδηροδρομικός σταθμός

خط ریل
σιδηροδρομικές γραμμές

ریل
τρένο

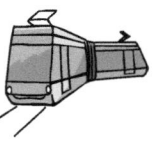

ریل برقی
τραμ

واگن
βαγόνι

هلیکوپتر

ελικόπτερο

میدان هوایی

αεροδρόμιο

برج

πύργος

مسافر

επιβάτης

کانتینر

εμπορευματοκιβώτιο

کارتن

χαρτοκιβώτιο

گادی

καρότσι

سبد

καλάθι

پرواز کردن / فرود آمدن

απογειώνομαι /
προσγειώνομαι

شهر

πόλη

قریه

χωριό

تیاتر شهر

κέντρο της πόλης

خانه

σπίτι

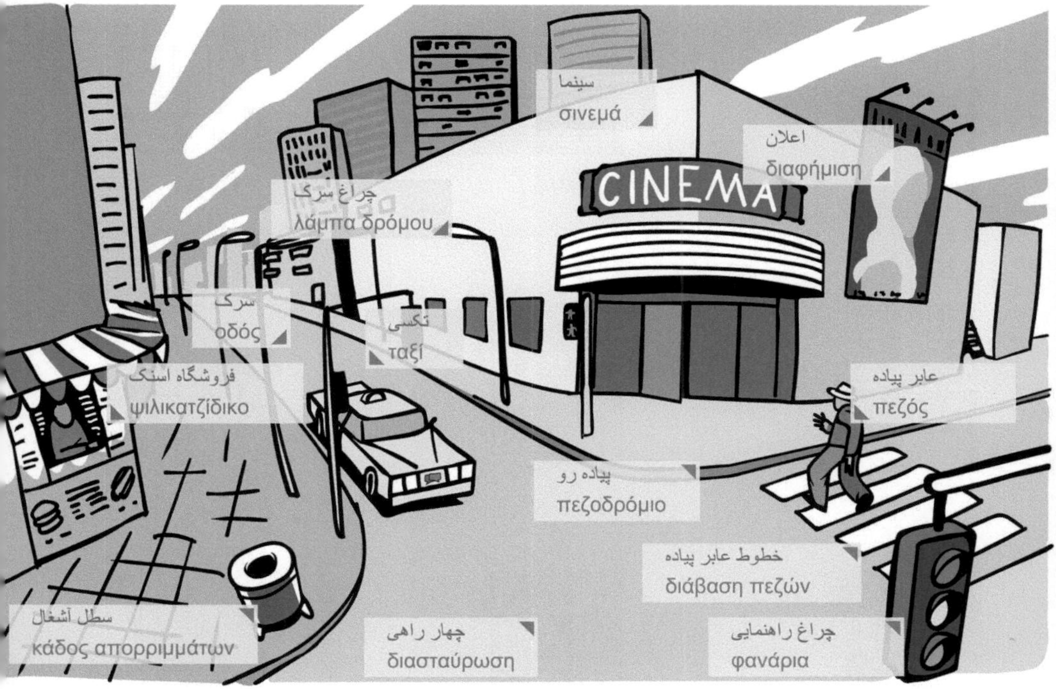
سینما
σινεμά
اعلان
διαφήμιση
CINEMA
چراغ سرک
λάμπα δρόμου
سرک
οδός
تکسی
ταξί
فروشگاه اسنک
ψιλικατζίδικο
عابر پیاده
πεζός
پیاده رو
πεζοδρόμιο
خطوط عابر پیاده
διάβαση πεζών
سطل آشغال
κάδος απορριμμάτων
چهار راهی
διασταύρωση
چراغ راهنمایی
φανάρια

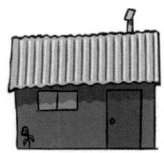

کلبه

καλύβα

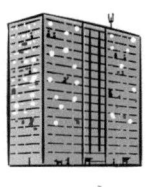

آپارتمان

διαμέρισμα

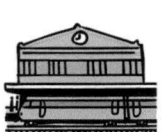

ایستگاه ریل

σιδηροδρομικός σταθμός

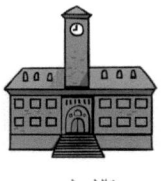

تالار شهر

δημαρχείο

MUSEUM

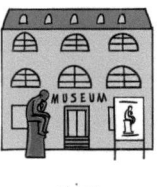

موزیم

μουσείο

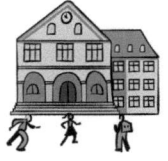

مکتب

σχολείο

پوهنتون

πανεπιστήμιο

بانک

τράπεζα

شفاخانه

νοσοκομείο

هوتل

ξενοδοχείο

دواخانه

φαρμακείο

دفتر

γραφείο

کتابفروشی

βιβλιοπωλείο

مغازه

κατάστημα

گل فروشی

ανθοπωλείο

سوپر مارکیت

σούπερ μάρκετ

فروشگاه

αγορά

فروشگاه

πολυκατάστημα

ماهی فروشی

ιχθυοπωλείο

مرکز خرید

εμπορικό κέντρο

بندر

λιμάνι

پارک

πάρκο

دراز چوکی

παγκάκι

پل

γέφυρα

زینه ها

σκάλες

مترو

μετρό

تونل

τούνελ

ایستگاه بس

στάση λεωφορείου

میخانه

μπαρ

رستورانت

εστιατόριο

صندوق پست

γραμματοκιβώτιο

علامت سرک

πινακίδα δρόμου

ماشین پارکو متر

παρκόμετρο

باغ وحش

ζωολογικός κήπος

حوض آببازی

πισίνα

مسجد

τζαμί

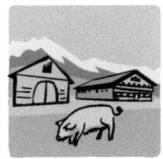

مزرعه

αγρόκτημα

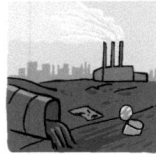

آلوده گی

ρύπανση

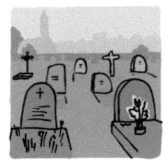

قبرستان

νεκροταφείο

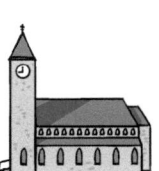

کلیسا

εκκλησία

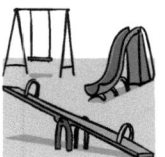

میدان بازی

παιδική χαρά

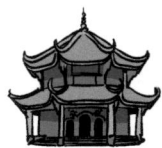

معبد

ναός

چشم انداز

τοπίο

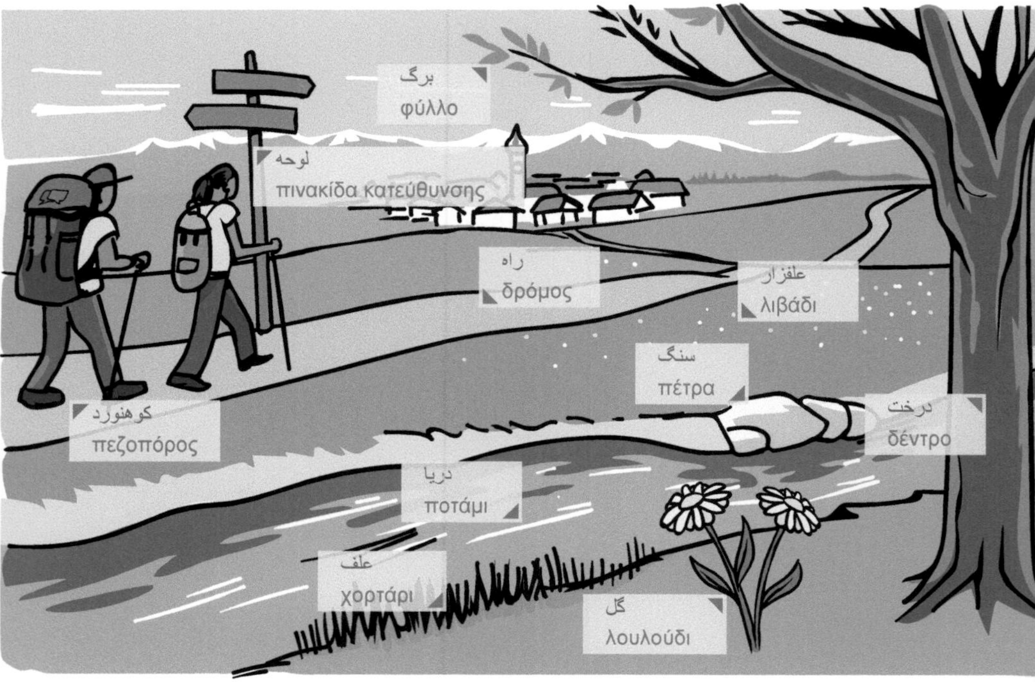
برگ
φύλλο
لوحه
πινακίδα κατεύθυνσης
راه
δρόμος
علفزار
λιβάδι
سنگ
πέτρα
درخت
δέντρο
کوهنورد
πεζοπόρος
دریا
ποτάμι
علف
χορτάρι
گل
λουλούδι

دره

κοιλάδα

تپّه

λόφος

دریاچه

λίμνη

جنگل

δάσος

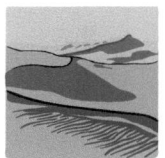

صحرا

έρημος

آتشفشان

ηφαίστειο

قلعه

κάστρο

رنگین کمان

ουράνιο τόξο

سمارق

μανιτάρι

درخت آلو

φοίνικας

پشه

κουνούπι

مگس

μύγα

مورچه

μυρμήγκι

زنبور

μέλισσα

عنکبوت

αράχνη

قانغوزک

σκαθάρι

بقه

βάτραχος

موش خرما

σκίουρος

خارپشت

σκαντζόχοιρος

خرگوش صحرایی

λαγός

بوم

κουκουβάγια

پرنده

πουλί

مرغابی

κύκνος

خوک وحشی

αγριογούρουνο

گوزن

ελάφι

گوزن شمالی

άλκη

بند آب

φράγμα

توربین بادی

ανεμογεννήτρια

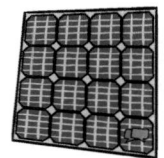

صفحه خورشیدی

ηλιακός συλλέκτης

آب و هوا

κλίμα

رستورانت

εστιατόριο

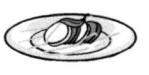

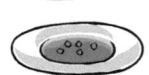

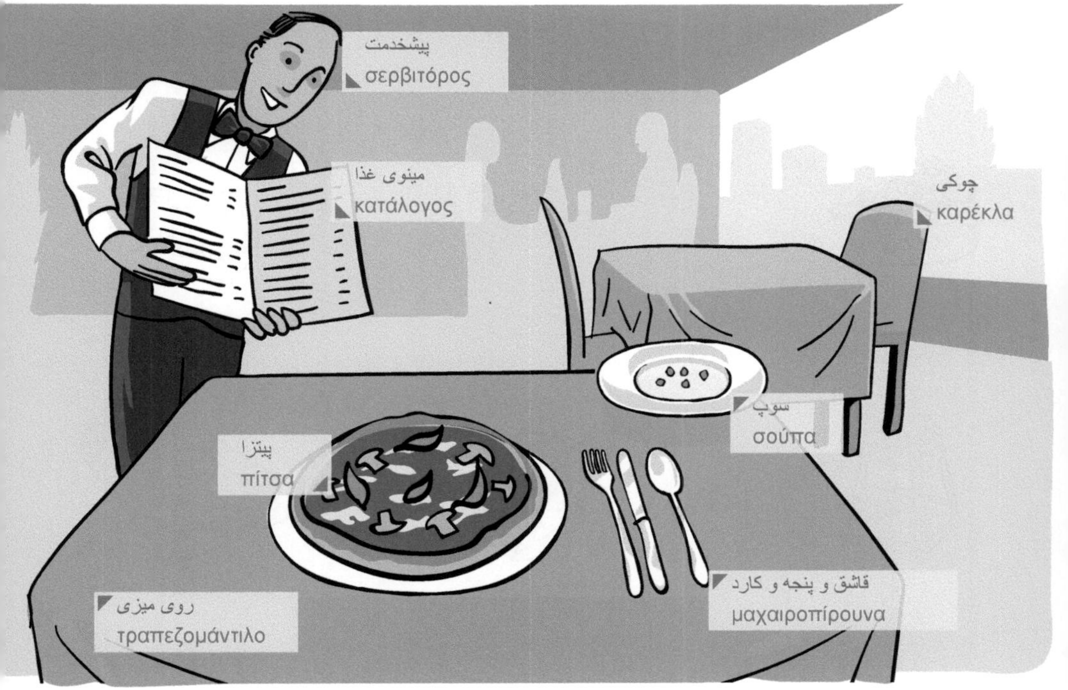

پیشخدمت
σερβιτόρος
مینوی غذا
κατάλογος
چوکی
καρέκλα
سوپ
σούπα
پیتزا
πίτσα
قاشق و پنجه و کارد
μαχαιροπίρουνα
روی میزی
τραπεζομάντιλο

پیش غذا
....
ορεκτικό

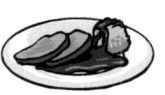

غذای اصلی
....
κύριο πιάτο

شرینی
....
επιδόρπιο

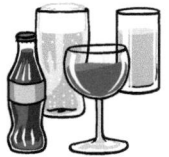

نوشیدنی ها
....
ποτά

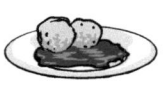

غذا
....
φαγητό

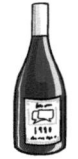

بوتل
....
μπουκάλι

فاست فود

φαστ φουντ

غذای کنار سرک

φαγητό στ' όρθιο

چاینک/ترموز

τσαγιέρα

قندانی

δοχείο ζάχαρης

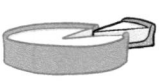

بخش غذا

μερίδα

دستگاه اسپرسو

μηχανή εσπρέσο

چوکی بلند

ψηλή καρέκλα

بل

λογαριασμός

پطنوس

δίσκος

چاقو

μαχαίρι

پنجه

πιρούνι

قاشق

κουτάλι

قاشق چای خوری

κουταλάκι του τσαγιού

دستپاک دسترخوان یا میز

πετσέτα φαγητού

گیلاس

ποτήρι

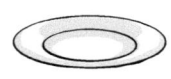

بشقاب

πιάτο

بشقاب سوپ

πιάτο σούπας

نعلبکی

πιατάκι φλιτζανιού

چَتنی

σάλτσα

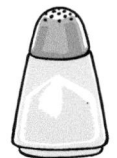

نمکدان

αλατιέρα

آسیاب مرچ

μύλος για πιπέρι

سرکه

ξύδι

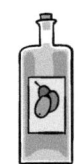

روغن خوراکی

λάδι

ادویه

μπαχαρικά

کچاپ

κέτσαπ

ساس خردل

μουστάρδα

مایونز

μαγιονέζα

سوپر مارکیت

σούπερ μάρκετ

پیشنهاد خاص
προσφορά
FOR
مشتری
πελάτης
لبنیات
γαλακτοκομικά προϊόντα
میوه
φρούτα
چرخ دستی
καρότσι για ψώνια

BUTCHERS

قصابی

κρεοπωλείο

BAKERY

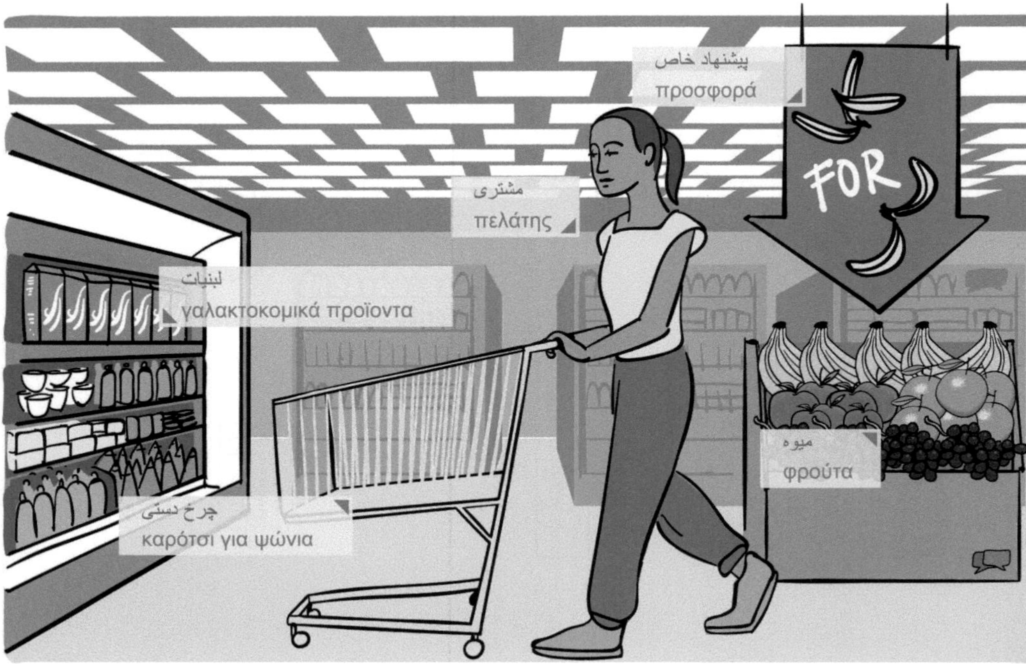

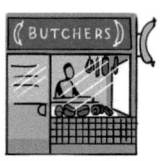

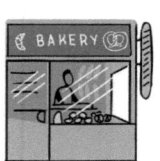

نانوایی

φούρνος

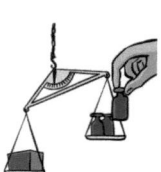

وزن کردن

ζυγίζω

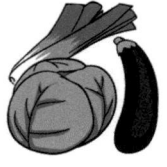

سبزیجات

λαχανικά

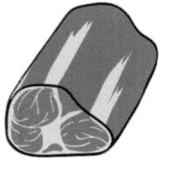

گوشت

κρέας

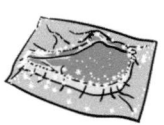

غذای منجمد

κατεψυγμένα τρόφιμα

غذای سرد

αλλαντικά

غذای کنسر شده

κονσερβοποιημένη τροφή

پودر رختشویی

απορρυπαντικό ρούχων

شیرینی

γλυκά

لوازم خانگی

οικιακά είδη

محصولات پاک کننده

καθαριστικά προϊόντα

فروشنده

πωλήτρια

دخل پیسه

ταμείο

صندوقدار

ταμίας

لست خرید

λίστα για ψώνια

ساعات کاری

ωράριο λειτουργίας

بکسک جیبی

πορτοφόλι

کریدیت کارت

πιστωτική κάρτα

بیگ

τσάντα

بیگ پلاستیکی

πλαστική σακούλα

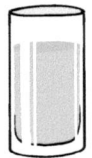

أب
νερό

جوس
χυμός

شیر
γάλα

نوشابه
κόκα κόλα

شراب
κρασί

بیر
μπίρα

الکول
αλκοόλ

ککو
κακάο

چای
τσάι

قهوه
καφές

أسپرسو
εσπρέσο

کاپوچینو
καπουτσίνο

کیله

μπανάνα

سیب

μήλο

مالته

πορτοκάλι

تربوز

πεπόνι

لیمو

λεμόνι

زردگ

καρότο

سیر

σκόρδο

چوب خیزران

μπαμπού

پیاز

κρεμμύδι

سمارق

μανιτάρι

مغزیات

ξηροί καρποί

آش

νουντλς

مكرونى

μακαρόνια

برنج

ρύζι

سلاد

σαλάτα

چيپس

πατατάκια

کچالو سرخ کرده

τηγανητές πατάτες

پيتزا

πίτσα

همبرگر

χάμπουργκερ

ساندويچ

σάντουιτς

کتلت

κοτολέτα

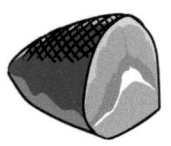

همبرگر

ζαμπόν

سالامى

σαλάμι

ساسج

λουκάνικο

مرغ

κοτόπουλο

کباب

ψητό

ماهى

ψάρι

فرنی جو

χυλός βρώμης

صبحانه رژیمی

μούσλι

کورن فلکس

κορν φλέικς

آرد

αλεύρι

کروسانت

κρουασάν

قرص نان

ψωμάκι

نان خشک

ψωμί

توست / نان بریان

τοστ

بیسکیت

μπισκότα

مسکه

βούτυρο

چکه

τυρόπηγμα

کیک

κέικ

تخم مرغ

αυγό

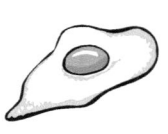

تخم مرغ سرخ شده

τηγανητό αυγό

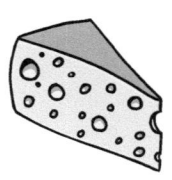

پنیر

τυρί

آیسکریم

παγωτό

شکر

ζάχαρη

عسل

μέλι

مربا

μαρμελάδα

مسکه چاکلیت

άλλειμμα σοκολάτας

زردچوبه هندی

κάρυ

مزرعه
αγρόκτημα

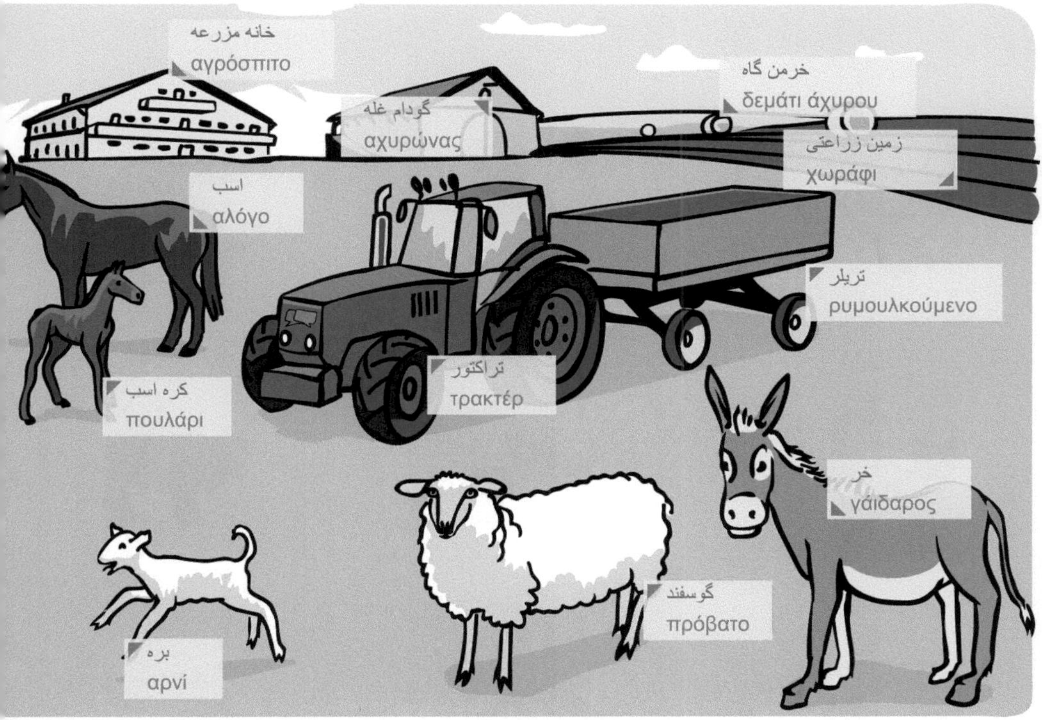
خانه مزرعه
αγρόσπιτο
گودام غله
αχυρώνας
خرمن گاه
δεμάτι άχυρου
زمین زراعتی
χωράφι
اسب
αλόγο
تریلر
ρυμουλκούμενο
کره اسب
πουλάρι
تراکتور
τρακτέρ
خر
γάιδαρος
گوسفند
πρόβατο
بره
αρνί

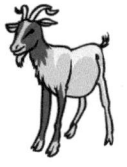

بز
κατσίκα

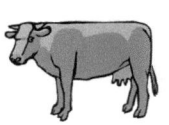

گاو
αγελάδα

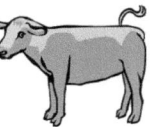

گوساله
μοσχαράκι

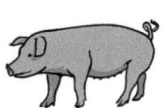

خوک
γουρούνι

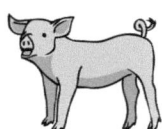

خوکچه
γουρουνάκι

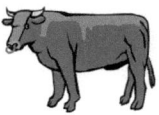

گاو نر
ταύρος

قاز

χήνα

مرغابی

πάπια

چوچه مرغ

κοτοπουλάκι

مرغ

κότα

خروس

κόκορας

موش صحرایی

αρουραίος

پیشک

γάτα

موش

ποντίκι

گاومیش

βόδι

سگ

σκύλος

خانه سگ

σπιτάκι σκύλου

خانه باغ

λάστιχο κήπου

آبپاش

ποτιστήρι

داس

θεριστήρι

قولبه کردن

αλέτρι

داس
δρεπάνι

کج بیل
τσάπα

چنگال باغبانی
δίκρανο

تبر
τσεκούρι

کراچی
χειράμαξα

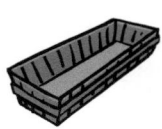

تغار
ταΐστρα

قوطی شیر
δοχείο γάλακτος

بوجی
σάκος

دیوار مرزی از چوب یا سیم خار دار

φράχτης

پایدار
στάβλος

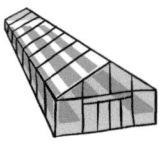

گلخانه
θερμοκήπιο

خاک
έδαφος

تخم
σπόρος

کود
λίπασμα

ماشین درو وخرمنکوبی
θεριζοαλωνιστική μηχανή

درو کردن

θερίζω

درو

συγκομιδή

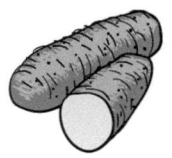

کچالو شرین

γιαμς

گندم

σιτάρι

سویا

σόγια

کچالو

πατάτα

جواری

καλαμπόκι

کلزا

κράμβη

درخت میوه

οπωροφόρο δέντρο

مانیوک

μανιόκα

غلات و حبوبات

δημητριακά

خانه

σπίτι

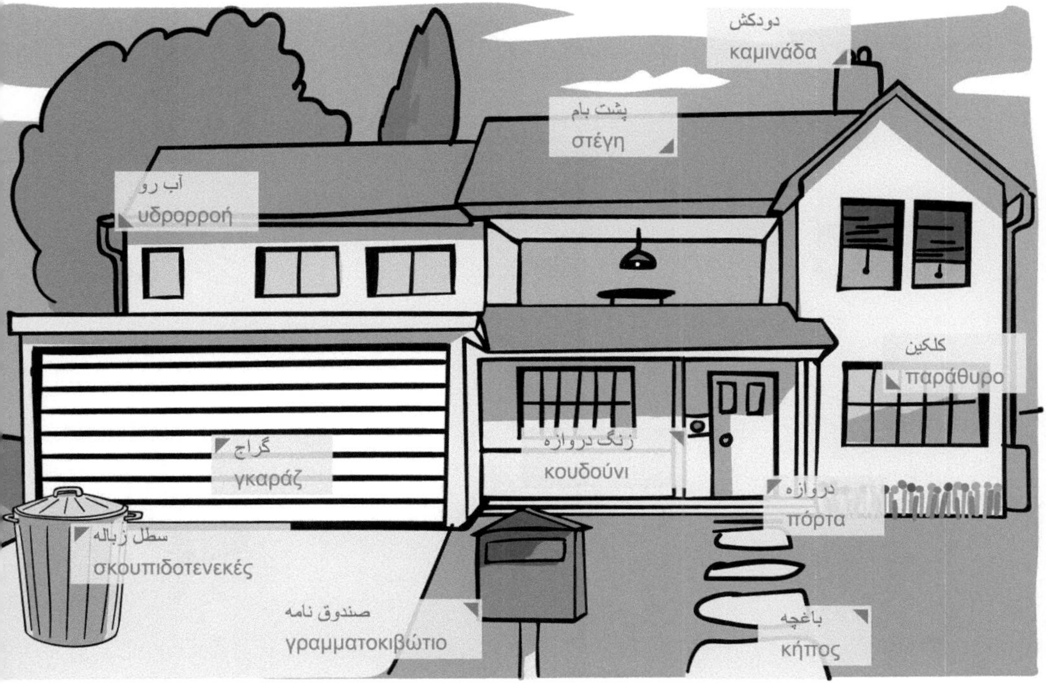
دودکش
καμινάδα
پشت بام
στέγη
آب رو
υδρορροή
کلکین
παράθυρο
گراج
γκαράζ
زنگ دروازه
κουδούνι
دروازه
πόρτα
سطل زباله
σκουπιδοτενεκές
صندوق نامه
γραμματοκιβώτιο
باغچه
κήπος

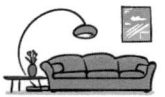

اطاق نشیمن

σαλόνι

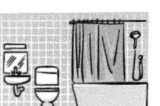

حمام / دستشویی

μπάνιο

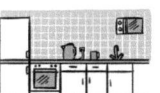

آشپزخانه

κουζίνα

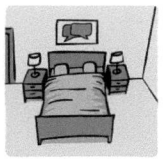

اطاق خواب

υπνοδωμάτιο

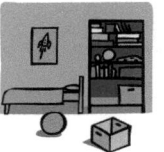

اطاق اطفال

παιδικό δωμάτιο

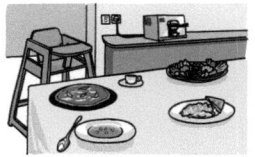

اطاق پذیرایی

τραπεζαρία

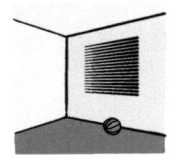

كف زمين
πάτωμα

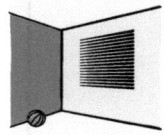

ديوار
τοίχος

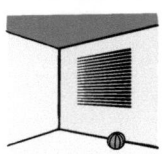

سقف
οροφή

گودام زير زمينى
κελάρι

سونا
σάουνα

بالكن
μπαλκόνι

برنده / بالكن
βεράντα

حوض
πισίνα

ماشين درو كردن چمن
μηχανή του γκαζόν

ورق كاغذ
σεντόνι

روجايى
κάλυμμα κρεβατιού

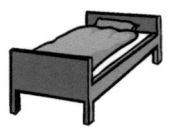

تختخواب
κρεβάτι

جارو
σκούπα

سطل
κουβάς

سويچ
διακόπτης

اطاق نشیمن

σαλόνι

کاغذ دیواری
ταπετσαρία
تصویر
φωτογραφία
چراغ
λάμπα
قفسه
ράφι
کابینت
ντουλάπι
تلویزیون
τηλεόραση
بخاری دیواری
τζάκι
گل
λουλούδι
بالشت
μαξιλάρι
کوچ
καναπές
گلدان
βάζο
ریموت کنترول
τηλεκοντρόλ

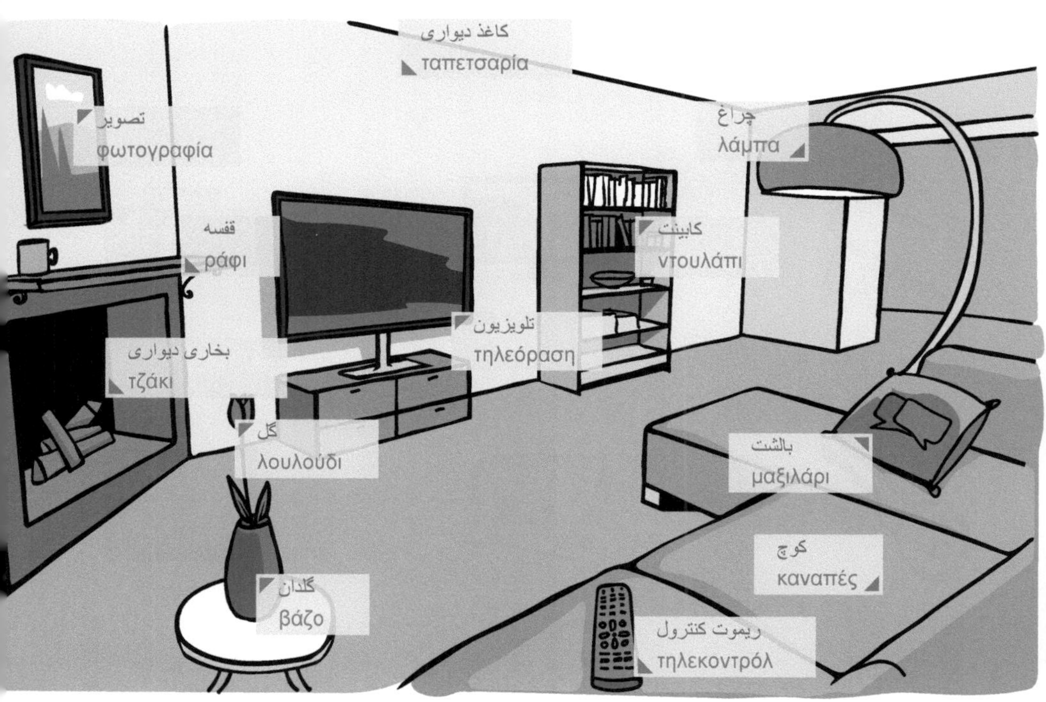

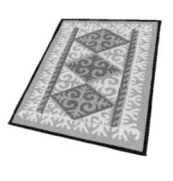

فرش
χαλί

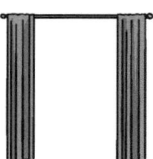

پرده
κουρτίνα

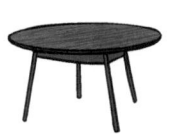

میز
τραπέζι

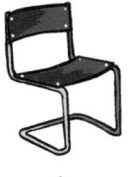

چوکی
καρέκλα

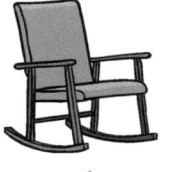

چوکی گهواره یی
κουνιστή πολυθρόνα

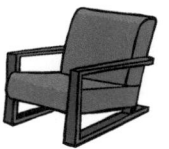

چوکی دسته دار
πολυθρόνα

كتاب

βιβλίο

كمپل

κουβέρτα

دكوراسيون

διακόσμηση

هيزم

καυσόξυλα

فلم

ταινία

سيستم هاى فاى

στερεοφωνικό σύστημα

كليد

κλειδί

روزنامه

εφημερίδα

تابلوى نقاشى

πίνακας ζωγραφικής

پوستر

αφίσα

راديو

ραδιόφωνο

دفتر

σημειωματάριο

جاروبرقى

ηλεκτρική σκούπα

كاكتوس

κάκτος

شمع

κερί

آشپزخانه
κουζίνα

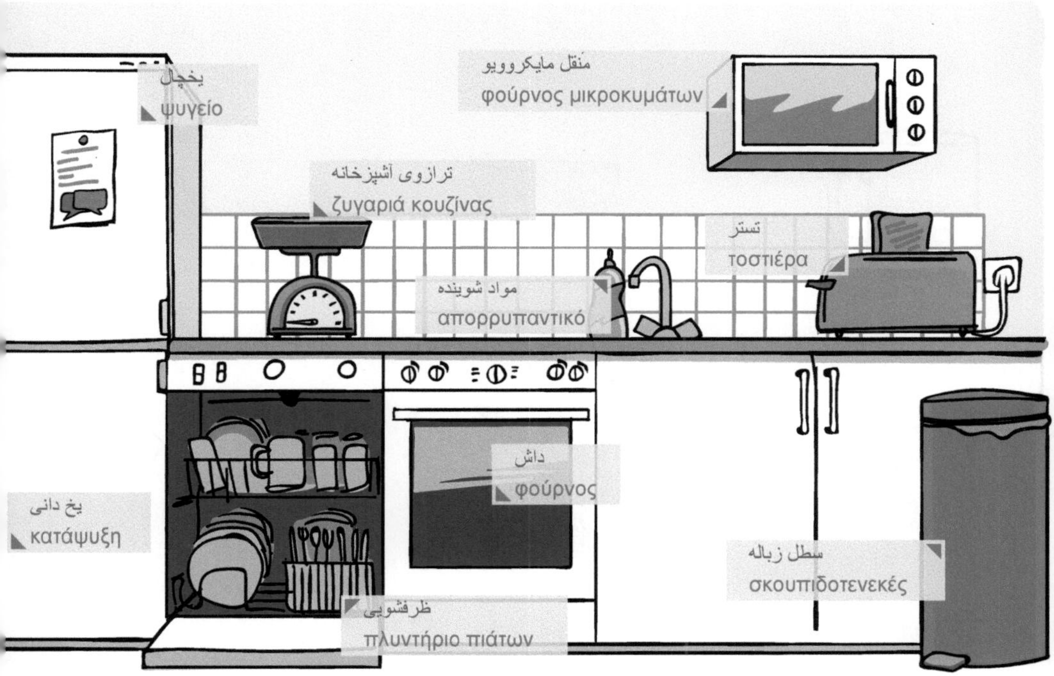

یخچال
ψυγείο
منقل مایکروویو
φούρνος μικροκυμάτων
ترازوی آشپزخانه
ζυγαριά κουζίνας
تستر
τοστιέρα
مواد شوینده
απορρυπαντικό
داش
φούρνος
یخ دانی
κατάψυξη
سطل زباله
σκουπιδοτενεκές
ظرفشویی
πλυντήριο πιάτων

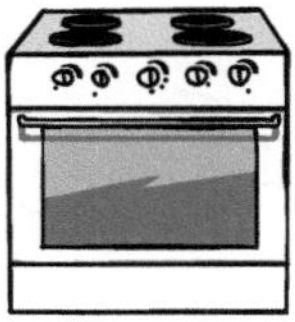

منقل
....
κουζίνα

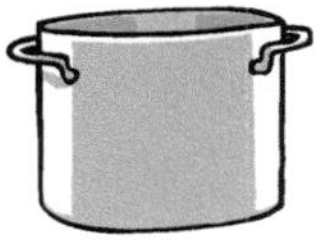

دیگ
....
κατσαρόλα

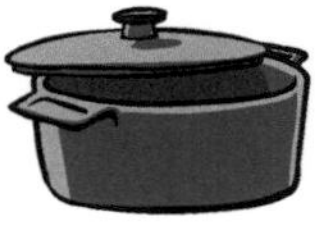

دیگ چدنی
....
μαντεμένια κατσαρόλα

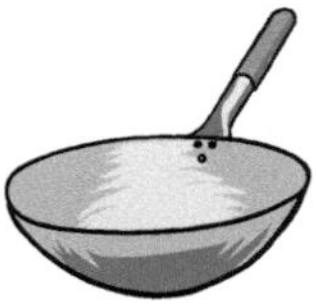

کراهی
....
γουόκ/καντάι

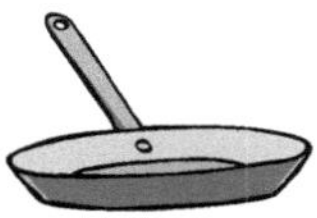

تابه
....
τηγάνι

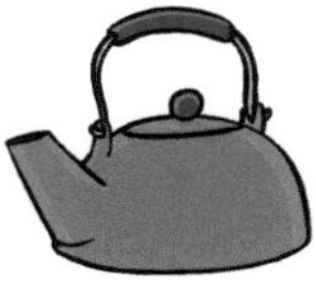

چای جوش
....
βραστήρας

بخاریز

ατμομάγειρας

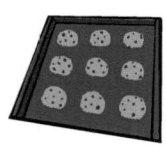

پطنوس طباخی

ταψί

ظروف

πιατικά

پیاله کلان

κούπα

کاسه

μπολ

چاپستیک ها

ξυλάκια

ملاقه

κουτάλα

کفگیر

σπάτουλα

مخلوط کننده

ανακατεύω

چلو صاف

σουρωτήρι

غلبیل

σουρωτηράκι

رنده

τρίφτης

هاونگ

γουδί

بار بیکیو

ψησταριά

آتش باز

ανοιχτή φωτιά

تخته برش

σανίδα κοπής

اشگز

πλάστης

سر بازکن

ανοιχτήρι φελλών

قوطی

κονσέρβα

سر باز کن

ανοιχτήρι κονσέρβας

دستگیره تکه ای

γάντι φούρνου

ظرف شویی

νεροχύτης

برس ظرف شویی

βούρτσα

اسفنج

σφουγγάρι

مخلوط کن

μπλέντερ

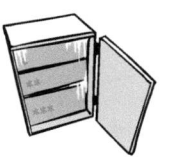

فریزر

καταψύκτης

شیر چوشک اطفال

μπιμπερό

نل آب

βρύση

حمام / دستشویی

μπάνιο

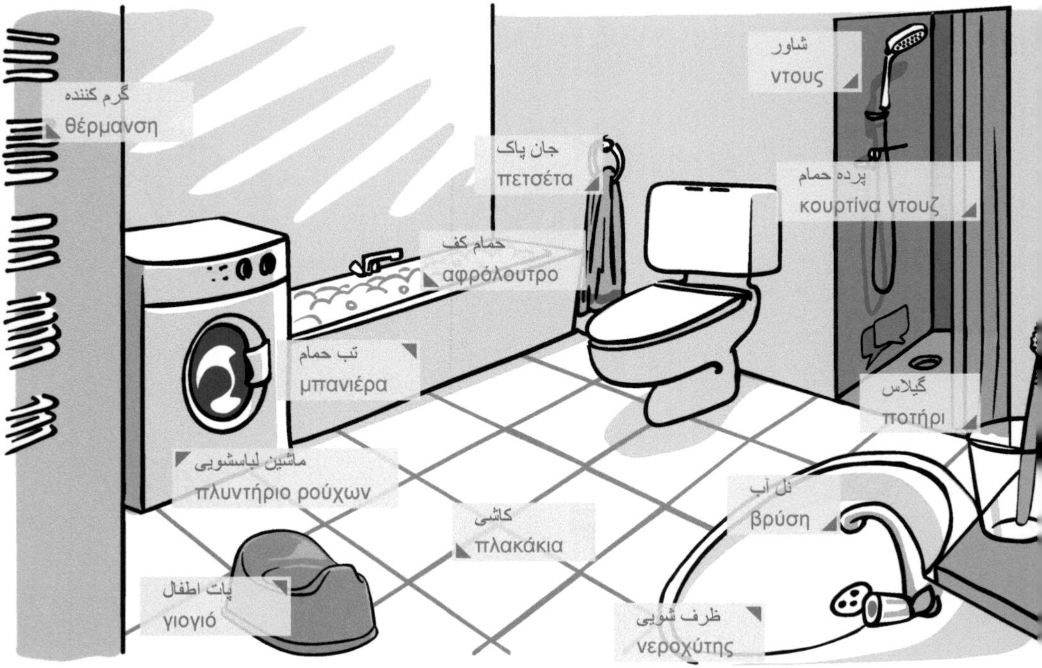

گرم کننده
θέρμανση
جان پاک
πετσέτα
شاور
ντους
پرده حمام
κουρτίνα ντουζ
حمام کف
αφρόλουτρο
تب حمام
μπανιέρα
گیلاس
ποτήρι
ماشین لباسشویی
πλυντήριο ρούχων
نل آب
βρύση
کاشی
πλακάκια
پات اطفال
γιογιό
ظرف شویی
νεροχύτης

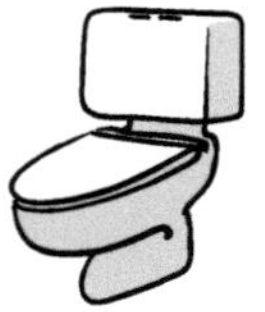

تشناب
....
τουαλέτα

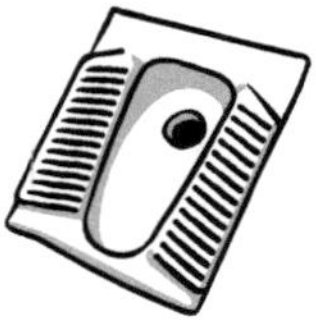

کمود فرشی
....
τούρκικη τουαλέτα

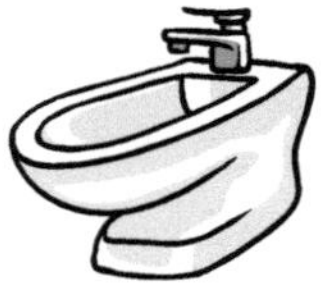

کمود
....
μπιντές

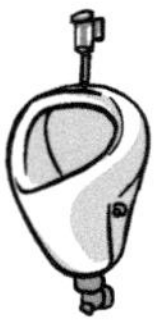

تشناب مرد ها
....
ουρητήριο

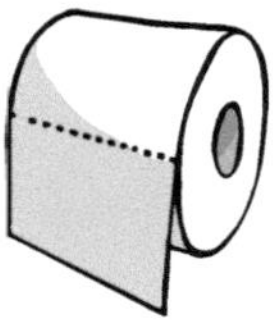

کاغذ تشناب
....
χαρτί υγείας

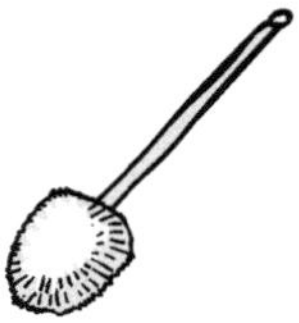

برس کمود
....
πιγκάλ

برس دندان

οδοντόβουρτσα

کریم دندان

οδοντόκρεμα

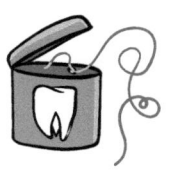

نخ دندان

οδοντικό νήμα

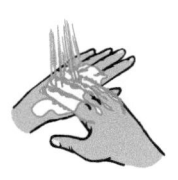

شستن

πλένω

شاور دستی

τηλέφωνο ντους

شاور کمود

ντουσιέρα

دستشویی

λεκάνη

برس پشت

βούρτσα πλάτης

صابون

σαπούνι

جل حمام

αφρόλουτρο

شامپو

σαμπουάν

لیف

φανέλα

آب رو

σιφόνι

کریم

κρέμα

بوزدا

αποσμητικό

آینه

καθρέφτης

آینه دستی

καθρέφτης χειρός

ریش تراش

ξυραφάκι

کف ریش تراشی

αφρός ξυρίσματος

کلونیا

αφτερσέιβ

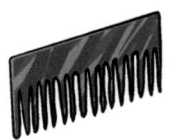

شانه موی

χτένα

برس

βούρτσα

سشوار

σεσουάρ

اسپری مو

λακ

آرایش

μακιγιάζ

لب سرین

κραγιόν

رنگ ناخن

βερνίκι νυχιών

پشم پنبه

βαμβάκι

ناخن گیر

ψαλίδι νυχιών

عطر

άρωμα

کیسه شستشو

νεσεσέρ

چوکی چار پایه

σκαμπό

ترازوی وزن

ζυγαριά

جان پاک

μπουρνούζι

دستکش پلاستیکی

ελαστικά γάντια

تامپون

ταμπόν

کوتکس

πετσέτα υγιεινής

تشناب سیار

χημική τουαλέτα

اطاق اطفال
παιδικό δωμάτιο

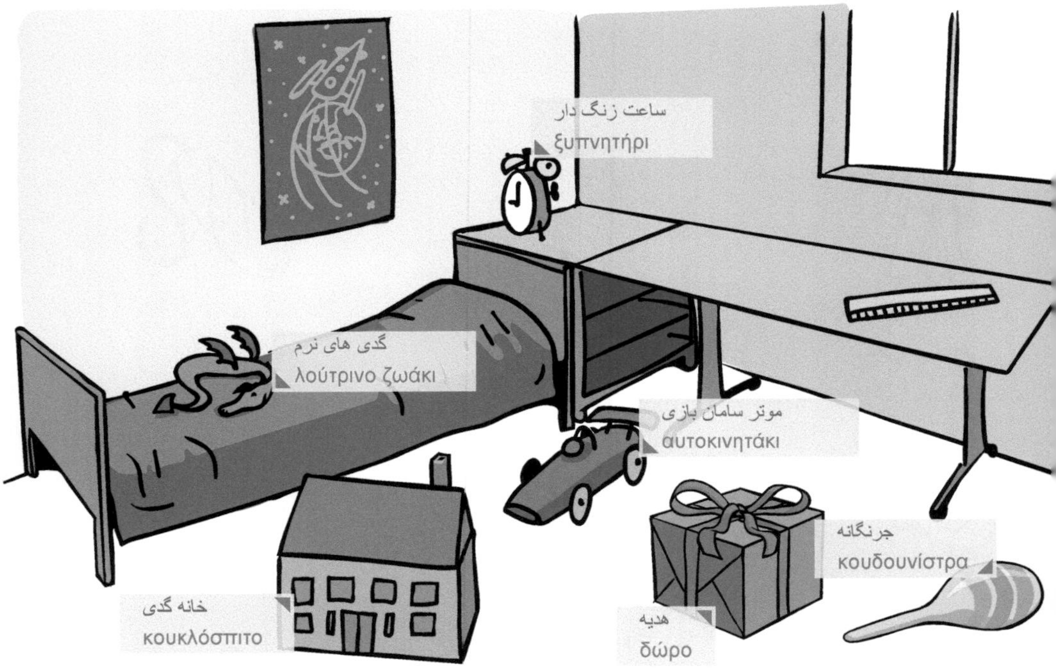

ساعت زنگ دار
ξυπνητήρι
گدی های نرم
λούτρινο ζωάκι
موتر سامان بازی
αυτοκινητάκι
جرنگانه
κουδουνίστρα
خانه گدی
κουκλόσπιτο
هدیه
δώρο

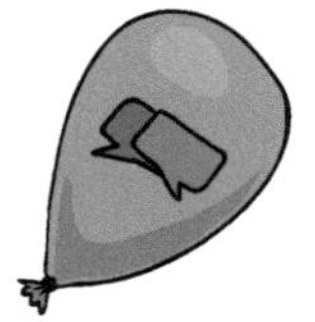

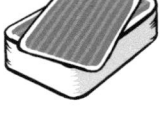

پوقانه
μπαλόνι

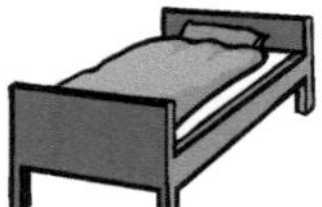

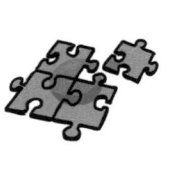

تختخواب
κρεβάτι

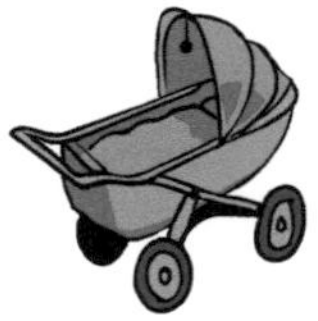

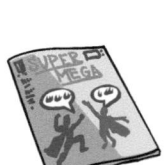

ریکشه اطفال
καροτσάκι

قطعه بازی
τράπουλα

پازل
παζλ

SUPER
MEGA

خنده آور
κόμικς

خشت های لگو

τουβλάκια lego

بلوک های سامان بازی

τουβλάκια κατασκευών

پچه فلم

φιγούρα δράσης

لباس طفل

βρεφικό φορμάκι

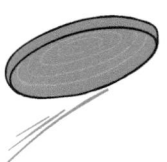

فریزبی

φρίσμπι

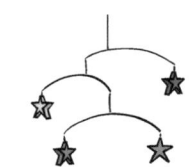

سامان بازی که روی تخت خواب اطفال
اویزان می شود

μόμπιλο

بازی تخته یی

επιτραπέζιο παιχνίδι

تاس

ζάρια

ریل اسباب بازی

σετ τρενάκι

چوشک

πιπίλα

مهمانی

πάρτι

کتاب تصویری

εικονογραφημένο βιβλίο

توپ

μπάλα

گدیگک

κούκλα

بازی کردن

παίζω

جعبه ریگ

σκάμμα με άμμο

گاز

κούνια

اسباب بازی

παιχνίδια

کنسول بازی کمپیوتری

κονσόλα βιντεοπαιχνιδιών

سه چرخه

τρίκυκλο

خرس سامان بازی

αρκουδάκι

الماری لباس

ντουλάπα

جوراب

κάλτσες

جوراب دراز

καλτσοδέτες

برجس

καλσόν

چادر سر
κασκόλ

چتری
ομπρέλα

بلوز
μπλουζάκι

کمربند
ζώνη

بوت
μπότες

چپلک
παντόφλες

کرمچ
αθλητικά παπούτσια

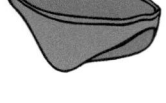

چپلی
σανδάλια

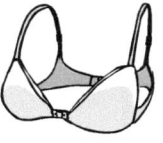

بوت
παπούτσια

موزه پلاستیکی
γαλότσες

نیکر
εσώρουχο

واسکت زنانه
σουτιέν

واسکت
φανέλα

بدن

σώμα

برزو

παντελόνι

پتلون كاوبای

τζιν παντελόνι

دامن

φούστα

بلوز

μπλούζα

پیراهن

πουκάμισο

يالان

πουλόβερ

جاكت كلاه دار

πουλόβερ

جاكت

σακάκι

چمپر

μπουφάν

كورتی

παλτό

كوت بارانی

αδιάβροχο πανωφόρι

لباس مخصوص مراسم

κοστούμι

پیراهن

φόρεμα

لباس عروسی

νυφικό

دريشى

κοστούμι

لباس خواب

νυχτικό

پاجامه

πιτζάμες

سارى

σάρι

چادر سر

μαντήλι

لنگى

τουρμπάνι

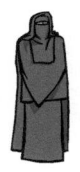

چادرى

μπούρκα

كفتان

καφτάνι

چادر

μουσουλμανικό ένδυμα

لباس آببازى

ολόσωμο μαγιό

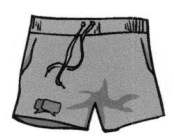

نيكر پاچه دار

ανδρικό μαγιό

پتلون نصفه

σορτς

لباس ورزشى

αθλητική φόρμα

پيش بند

ποδιά

دستكش

γάντια

دكمه

κουμπί

عینک

γυαλιά

دستبند

βραχιόλι

گردن بند

περιδέραιο

انگشتر

δαχτυλίδι

گوشواره

σκουλαρίκι

كلاه پیک دار

καπέλο

كوت بند

κρεμάστρα

كلاه

καπέλο

نیكتایی

γραβάτα

زیپ

φερμουάρ

كلاه مصون

κράνος

بند تنبان

τιράντες

یونیفورم مكتب

μαθητική στολή

یونیفورم

στολή

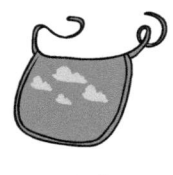

پیش بند
....
σαλιάρα

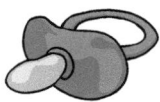

چوشک
....
πιπίλα

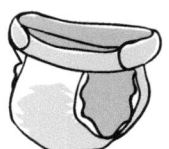

پمپر
....
πάνα

دفتر
γραφείο

سرور
σέρβερ
الماری اسناد
αρχειοθήκη
پرینتر
εκτυπωτής
کاغذ
χαρτί
مانیتور
οθόνη
ماوس
ποντίκι
میز کار
γραφείο
فولدر
ντοσιέ
کیبورد
πληκτρολόγιο
چوکی
καρέκλα
سبد کاغذ باطله
καλάθι αχρήστων
کمپیوتر
υπολογιστής

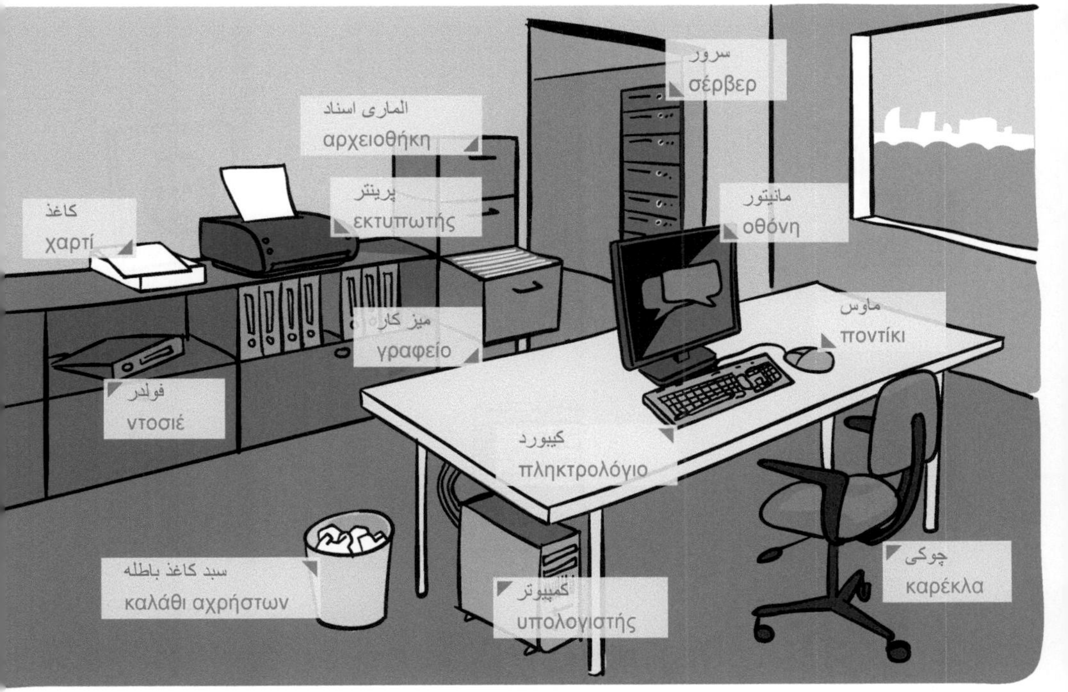

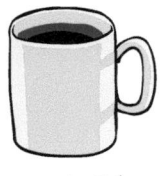

گیلاس قهوه
....
κούπα του καφέ

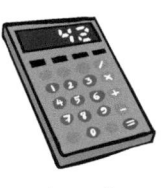

ماشین حساب
....
κομπιουτεράκι

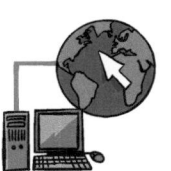

اینترنت
....
ίντερνετ

لپ تاپ

λάπτοπ

نامه

γράμμα

پیام

μήνυμα

موبایل

κινητό

شبکه

δίκτυο

ماشین فوتوکاپی

φωτοτυπικό μηχάνημα

نرم افزار

λογισμικό

تلیفون

τηλέφωνο

پلک

πρίζα

دستگاه فکس

συσκευή φαξ

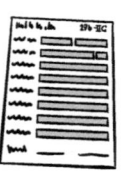

فورمه

έντυπο

سند

έγγραφο

خرید کردن

αγοράζω

پرداختن

πληρώνω

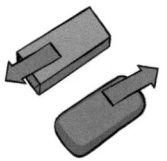

تجارت کردن

συναλλάσσομαι

پول

χρήματα

USD

دلار

δολάριο

EUR

یورو

ευρώ

JPY

ین

γιεν

RUB

روبل

ρούβλι

CHF

فرانک سوئیس

ελβετικό φράγκο

CNY

یوان رنمینبی

ρενμίνμπι γιουάν

INR

روپیه

ρουπία

خودپرداز

ATM (αυτόματη ταμειακή μηχανή)

دفتر صرافی

انتαλλακτήρια
συναλλάγματος

طلا

χρυσός

نقره

ασήμι

نفت

πετρέλαιο

انرژی

ενέργεια

قیمت

τιμή

قرارداد

συμβόλαιο

مالیات

φόρος

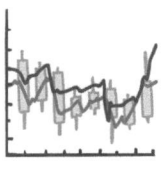

سهام

μετοχή

کار کردن

δουλεύω

کارمند

υπάλληλος

استخدام کننده

εργοδότης

فابریکه

εργοστάσιο

مغازه

κατάστημα

شغل ها

επαγγέλματα

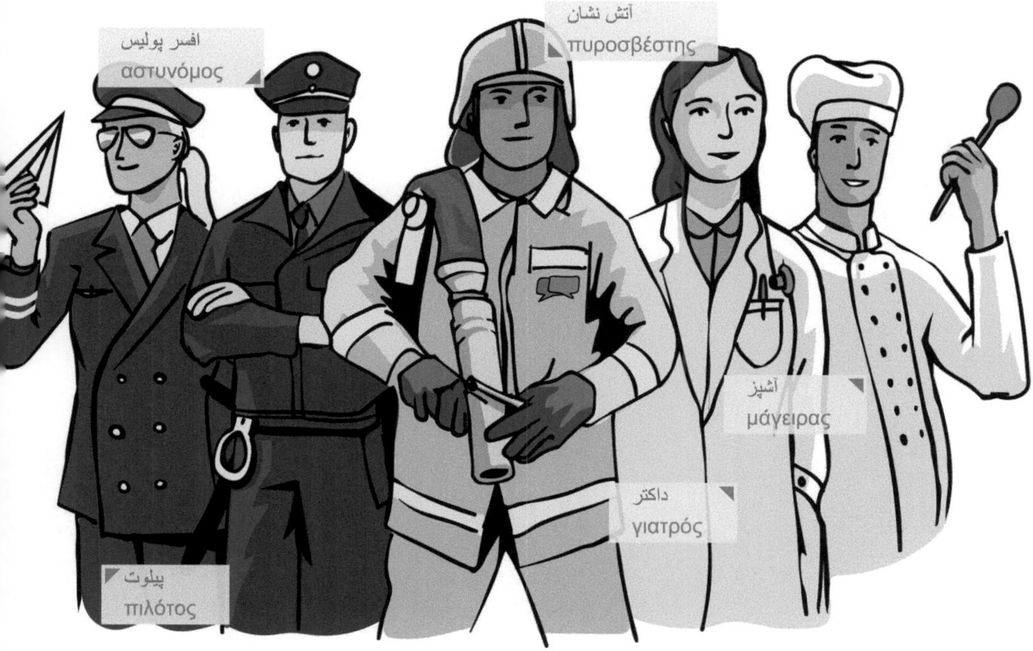

افسر پولیس
αστυνόμος
آتش نشان
πυροσβέστης
آشپز
μάγειρας
داکتر
γιατρός
پیلوت
πιλότος

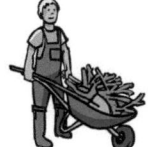

باغبان

κηπουρός

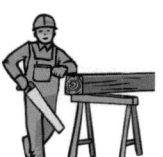

نجار

ξυλουργός

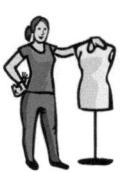

خیاط

μοδίστρα

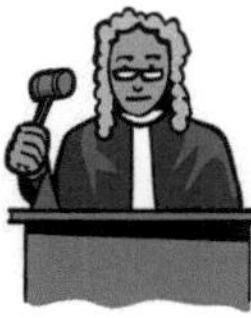

قاضی

δικαστής

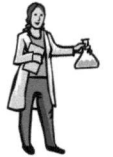

کیمیا دان

χημικός

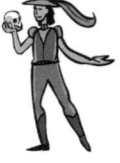

بازیگر

ηθοποιός

راننده بس

οδηγός λεωφορείου

راننده تکسی

ταξιτζής

ماهیگیر

ψαράς

خدمه

καθαρίστρια

سقف ساز

τεχνίτης στεγών

پیشخدمت

σερβιτόρος

شکارچی

κυνηγός

نقاش

ζωγράφος

نانوا

αρτοποιός

برقی

ηλεκτρολόγος

بنا

οικοδόμος

انجنیر

μηχανολόγος

قصاب

κρεοπώλης

نلدوان

υδραυλικός

پستچی

ταχυδρόμος

سرباز

στρατιώτης

معمار

αρχιτέκτονας

صندوقدار

ταμίας

گل فروش

ανθοπώλης

آرایشگر

κομμωτής

مامور تکت ریل

ελεγκτής εισιτηρίων

میخانیک

μηχανικός

کاپیتان

καπετάνιος

داکتر دندان

οδοντίατρος

دانشمند

επιστήμονας

خاخام/ عالم یهودی

ραβίνος

امام

ιμάμης

راهب

μοναχός

ملا

ιερέας

ابزار
εργαλεία

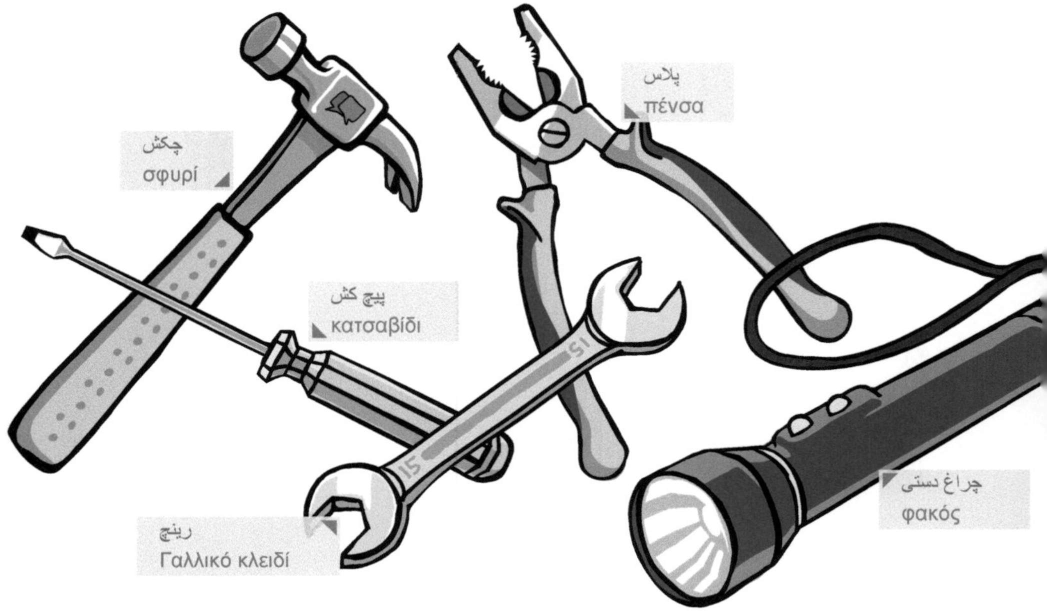
چکش
σφυρί
پلاس
πένσα
پیچ کش
κατσαβίδι
چراغ دستی
φακός
رینچ
Γαλλικό κλειδί

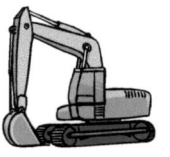

ماشین حفاری

εκσκαφέας

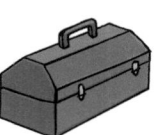

جعبه ابزار

εργαλειοθήκη

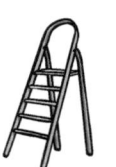

زینه

σκάλα

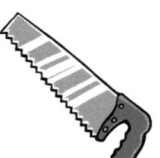

اره

πριόνι

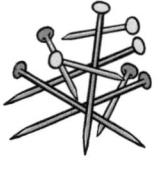

میخ

καρφιά

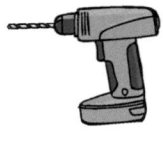

برمه

τρυπάνι

ترمیم کردن

επισκευάζω

بیل

φτυάρι

لعنتی!

Να πάρει!

خاکروبه

φαράσι

سطل رنگ

δοχείο χρωμάτων

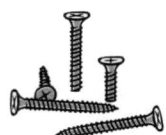

پیچ

βίδες

آلات موسیقی

μουσικά όργανα

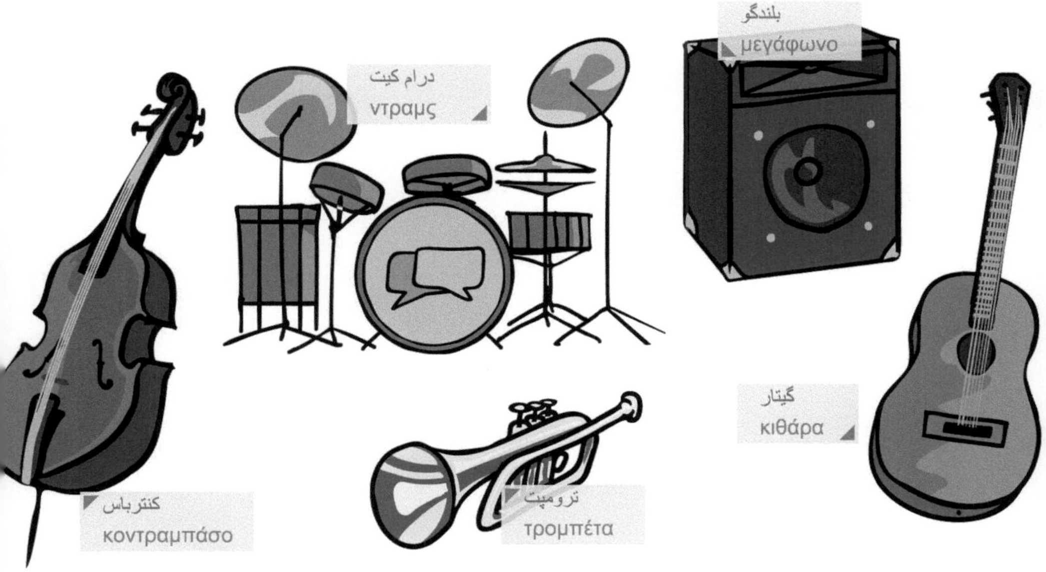

درام کیت
ντραμς ◄

بلندگو
μεγάφωνο ◄

گیتار
κιθάρα ◄

کنترباس
κοντραμπάσο

ترومپت
τρομπέτα

پیانو

πιάνο

وایلن

βιολί

گیتار بیس

μπάσο

دهل

τύμπανα

دول

τύμπανο

پیانوی برقی

πλήκτρα

ساکسوفون

σαξόφωνο

توله

φλάουτο

میکروفون

μικρόφωνο

آلات موسیقی - μουσικά όργανα

باغ وحش
ζωολογικός κήπος

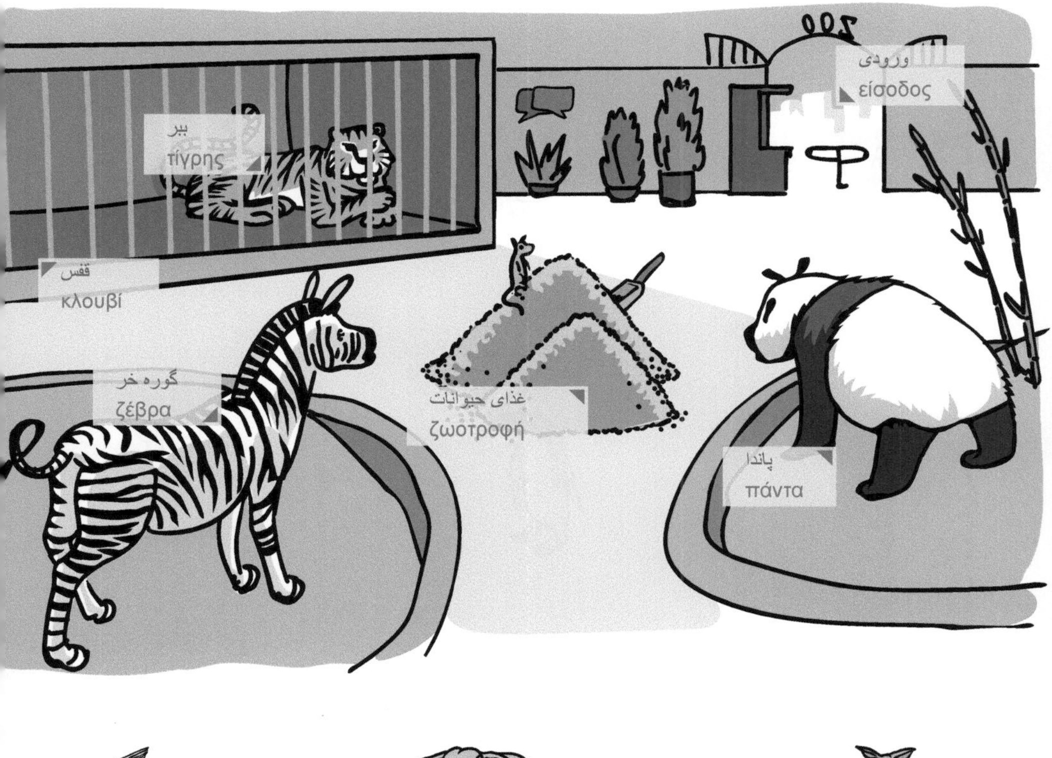
ورودی
είσοδος
ببر
τίγρης
قفس
κλουβί
گوره خر
ζέβρα
غذای حیوانات
ζωοτροφή
پاندا
πάντα

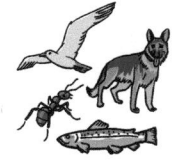

حیوانات
ζώα

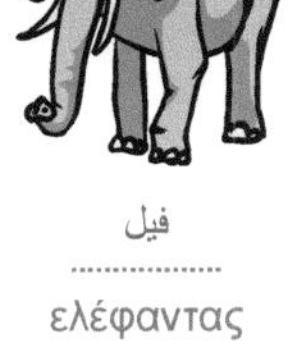

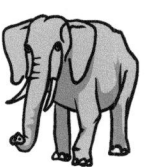

فیل
ελέφαντας

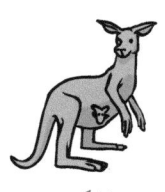

کانگورو
καγκουρό

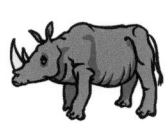

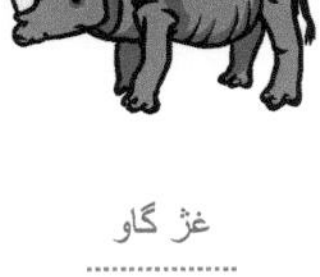

غژ گاو
ρινόκερος

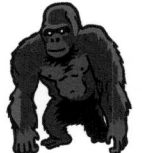

گوریلا
γορίλας

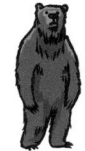

خرس
αρκούδα

شتر

καμήλα

شترمرغ

στρουθοκάμηλος

شیر

λιοντάρι

میمون

πίθηκος

فلامینگو

φλαμίνγκο

طوطی

παπαγάλος

خرس قطبی

πολική αρκούδα

پنگوئن

πιγκουίνος

کوسه

καρχαρίας

طاووس

παγώνι

مار

φίδι

تمسا

κροκόδειλος

نگهبان باغ وحش

φύλακας ζωολογικού κήπου

سگ آبی

φώκια

پلنگ خالدار امریکایی

τζάγκουαρ

اسب کوچک

πόνυ

پلنگ

λεοπάρδαλη

اسب آبی

ιπποπόταμος

زرافه

καμηλοπάρδαλη

عقاب

αετός

خوک وحشی

αγριογούρουνο

ماهی

ψάρι

سنگ پشت

χελώνα

شیر دریایی

θαλάσσιος ίππος

روباه

αλεπού

غزال

γαζέλα

فوتبال امریکایی
Αμερικάνικο ποδόσφαιρο

بایسکل سواری
ποδηλασία

تنیس
αντισφαίριση

باسکتبال
μπάσκετ

آب بازی
κολύμβηση

هاکی روی یخ
χόκεϋ επί πάγου

بوکس
πυγμαχία

فوتبال
ποδόσφαιρο

بدمینتون
μπάντμιντον

ورزشکاری
στίβος

هندبال
χάντμπολ

اسکی
σκι

پولو
πόλο

فعالیت ها

δραστηριότητες

خندیدن
γελάω
خیز زدن
πηδάω
بغل کردن
αγκαλιάζω
راه رفتن
περπατάω
خواندن
τραγουδάω
خواب دیدن
ονειρεύομαι
دعا کردن
προσεύχομαι
بوسیدن
φιλάω

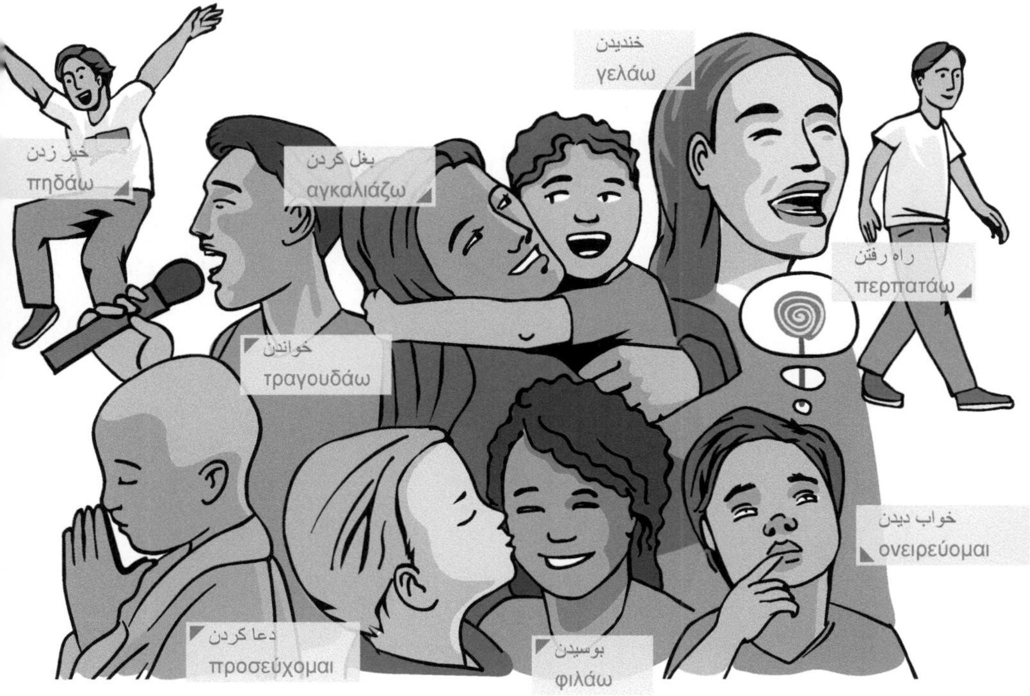

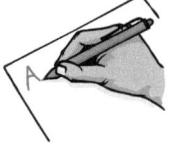

نوشتن
γράφω

کشیدن
σχεδιάζω

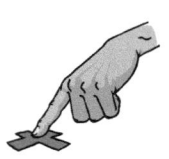

نشان دادن
δείχνω

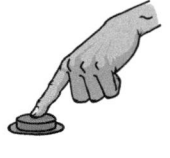

تیله کردن
πιέζω

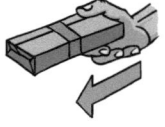

دادن
δίνω

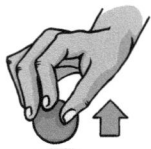

گرفتن
παίρνω

داشتن
....
έχω

انجام دادن
....
κάνω

بودن
....
είμαι

ایستادن
....
στέκομαι

دویدن
....
τρέχω

کش کردن
....
τραβάω

پرتاب کردن
....
ρίχνω

افتادن
....
πέφτω

دروغ گفتن
....
ξαπλώνω

صبر کردن
....
περιμένω

حمل کردن
....
κουβαλώ

نشستن
....
κάθομαι

لباس پوشیدن
....
φοράω

خوابیدن
....
κοιμάμαι

بیدار شدن
....
ξυπνάω

نگاه کردن

κοιτάω

گریه کردن

κλαίω

ضربه زدن

χαϊδεύω

شانه کردن

χτενίζω

صحبت کردن

μιλάω

فهمیدن

καταλαβαίνω

پرسیدن

ρωτάω

گوش دادن

ακούω

نوشیدن

πίνω

خوردن

τρώω

مرتب کردن

συγυρίζω

عشق ورزیدن

αγαπάω

پختن

μαγειρεύω

راننده گی کردن

οδηγώ

پرواز کردن

πετάω

روی آب حرکت کردن

κάνω ιστιοπλοΐα

حساب کردن

υπολογίζω

خواندن

διαβάζω

یاد گرفتن

μαθαίνω

کار کردن

δουλεύω

ازدواج کردن

παντρεύομαι

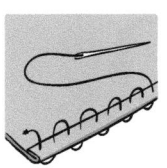

دوختن

ράβω

برس کردن دندان ها

βουρτσίζω τα δόντια

کشتن

σκοτώνω

سگریت کشیدن

καπνίζω

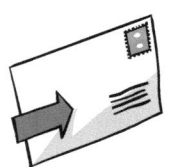

فرستادن

στέλνω

مادرکلان
γιαγιά

پدرکلان
παππούς

پدر
πατέρας

مادر
μητέρα

نوزاد
μωρό

دختر
κόρη

پسر
γιος

مهمان
καλεσμένος

عمه / خاله
θεία

ماما/کاکا
θείος

برادر
αδελφός

خواهر
αδελφή

بدن
σώμα

پیشانی
μέτωπο
چشم
μάτι
روی
πρόσωπο
زنخ
πιγούνι
سینه
στήθος
انگشت
δάχτυλο
دست
χέρι
بازو
βραχίονας
شانه
ώμος
پا
πόδι

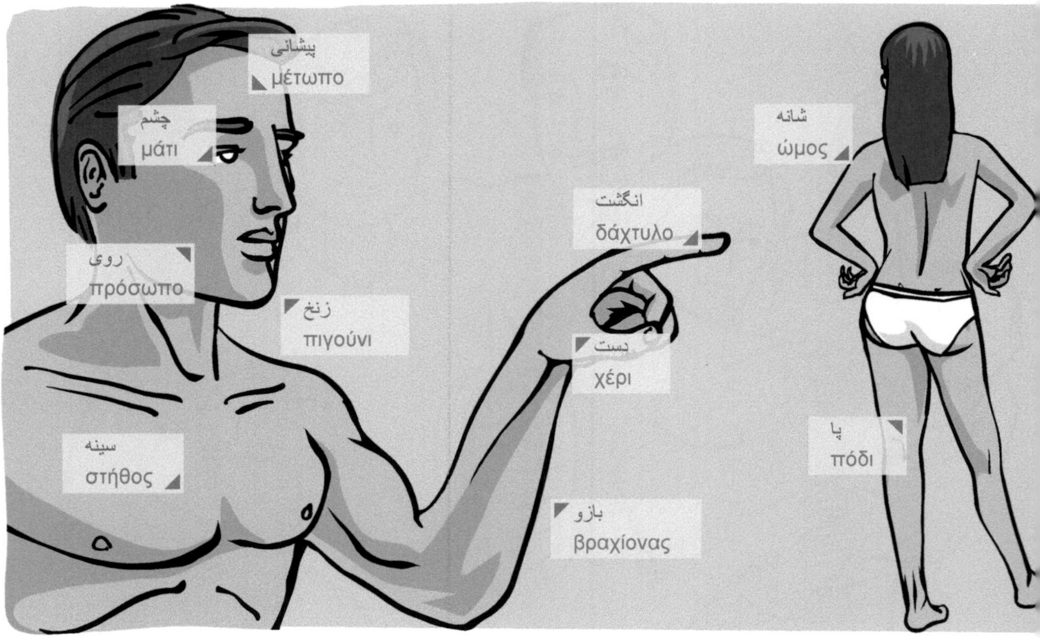

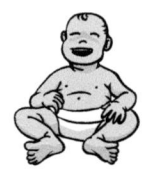

نوزاد

μωρό

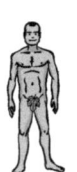

مرد

άνδρας

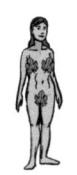

زن

γυναίκα

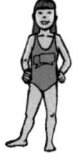

دختر

κορίτσι

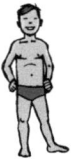

پسر

αγόρι

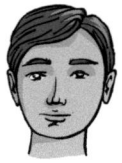

سر

κεφάλι

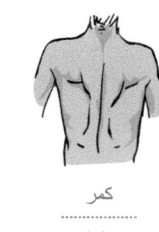

كمر

πλάτη

شكم

κοιλιά

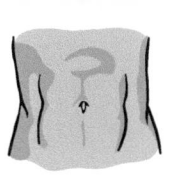

ناف

αφαλός

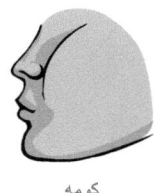

انگشت پا

δάχτυλο ποδιού

کوری پای

φτέρνα

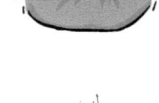

استخوان

κόκκαλο

كمر

γοφός

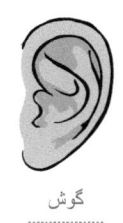

زانو

γόνατο

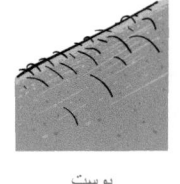

آرنج

αγκώνας

بینی

μύτη

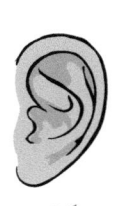

سرین

γλουτός

پوست

δέρμα

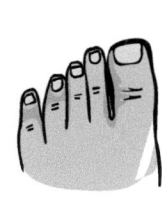

كومه

μάγουλο

گوش

αυτί

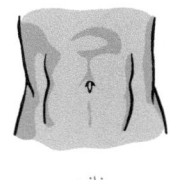

لب

χείλος

دهان

στόμα

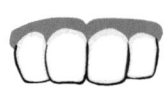

دندان

δόντι

زبان

γλώσσα

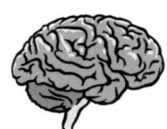

مغز

εγκέφαλος

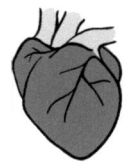

قلب

καρδιά

عضله

μυς

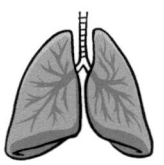

شُش

πνεύμονας

جگر

συκώτι

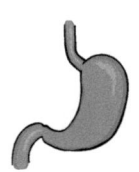

معده

στομάχι

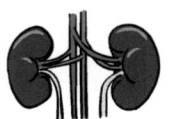

گرده

νεφρά

رابطه جنسی

σεξουαλική επαφή

کاندوم

προφυλακτικό

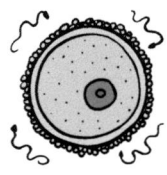

تخمه

ωάριο

آب منی

σπέρμα

حاملگی

εγκυμοσύνη

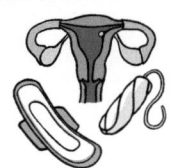

قاعده گی

περίοδος

مجرای تناسلی زن

γυναικείος κόλπος

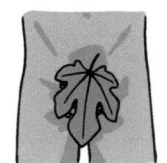

آلت تناسلی مرد

πέος

ابرو

φρύδι

مو

μαλλιά

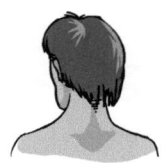

گردن

λαιμός

شفاخانه
νοσοκομείο

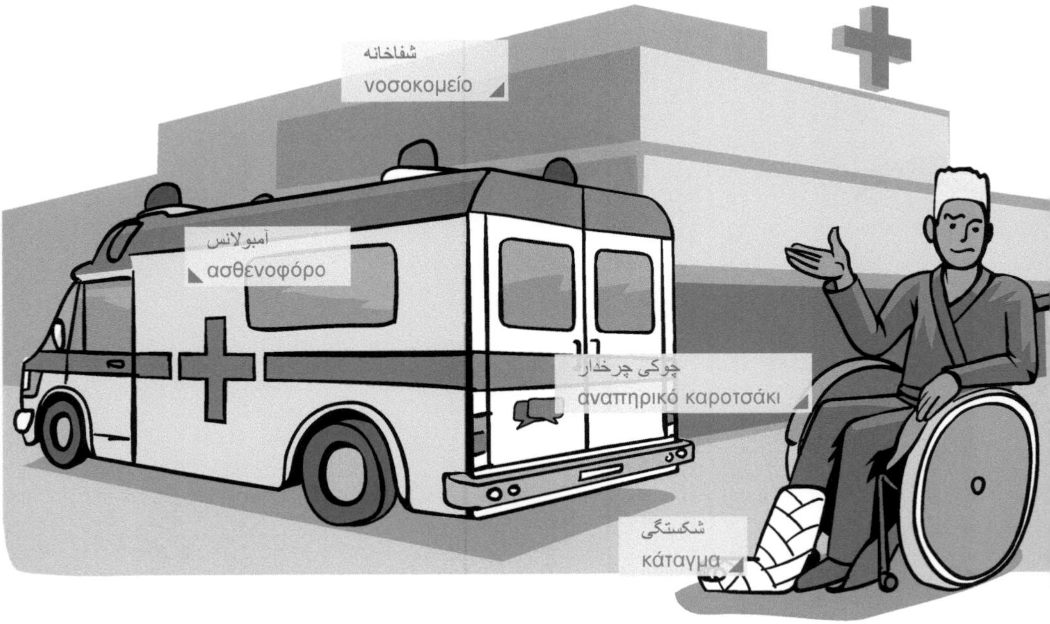

شفاخانه
νοσοκομείο
آمبولانس
ασθενοφόρο
چوکی چرخدار
αναπηρικό καροτσάκι
شکستگی
κάταγμα

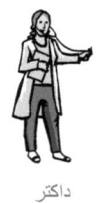

داکتر
γιατρός

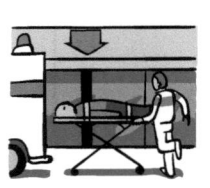

اطاق عاجل
μονάδα εντατικής θεραπείας

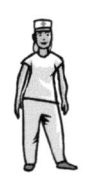

نرس
νοσοκόμα

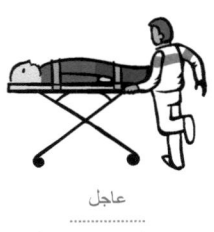

عاجل
έκτακτη ανάγκη

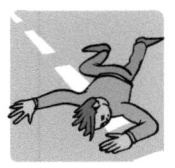

بیهوش
λιπόθυμος

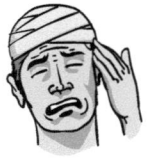

درد
πόνος

جراحت

τραύμα

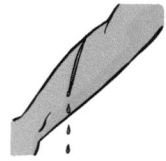

خونریزی

αιμορραγία

حمله قلبی

έμφραγμα

سکته مغزی

εγκεφαλικό

حساسیت

αλλεργία

سرفه

βήχας

تب

πυρετός

انفلوانزا

γρίπη

اسهال

διάρροια

سردرد

πονοκέφαλος

سرطان

καρκίνος

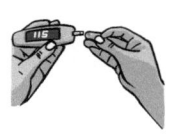

شکر

διαβήτης

جراح

χειρουργός

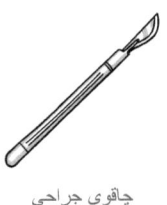

چاقوی جراحی

νυστέρι

عملیات

εγχείρηση

سی تی

αξονική τομογραφία

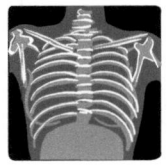

ایکسری

ακτινογραφία

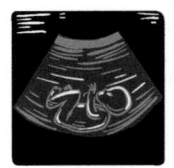

سونوگرافی

υπέρηχος

ماسک روی

μάσκα

مریضی

ασθένεια

اطاق انتظار

αίθουσα αναμονής

عصا

πατερίτσα

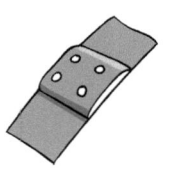

گچ

χάνσαπλαστ

پانسمان

επίδεσμος

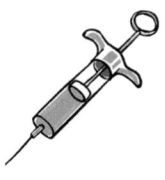

تزریق

ένεση

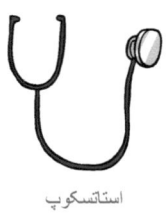

استاتسکوپ

στηθοσκόπιο

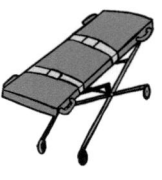

تذکره

φορείο

ترمامیتر کلینیکی

θερμόμετρο

تولد

γέννηση

اضافه وزن

υπέρβαρο

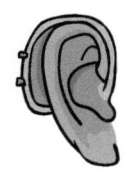

سمعک

ακουστικό βαρηκοΐας

ضدعفونی کننده

αντισηπτικό

عفونت

λοίμωξη

وایروس

ιός

اچ آی وی / ایدز

HIV/AIDS

ادویه

φάρμακο

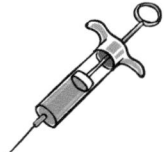

واکسیناسیون

εμβολιασμός

تابلیت ها

δισκία

تابلیت

χάπι

تماس اضطراری

κλήση έκτακτης ανάγκης

مانیتور فشار خون

πιεσόμετρο αίματος

بیمار / سالم

άρρωστος / υγιής

کمک!
....
Βοήθεια!

زنگ هشدار
....
συναγερμός

تجاوز
....
βιαιοπραγία

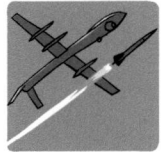

حمله
....
επίθεση

خطر
....
κίνδυνος

خروج اضطراری
....
έξοδος κινδύνου

آتش!
....
Φωτιά!

آله ضد حریق
....
πυροσβεστήρας

حادثه
....
ατύχημα

بکسه کمک های اولیه
....
κουτί πρώτων βοηθειών

پیام اضطراری
....
SOS

پولیس
....
αστυνομία

اروپا

Ευρώπη

امریکای شمالی

Βόρεια Αμερική

امریکای جنوبی

Νότια Αμερική

آفریقا

Αφρική

آسیا

Ασία

استرالیا

Αυστραλία

اقیانوس اطلس

Ατλαντικός Ωκεανός

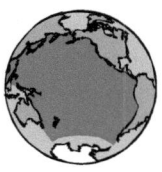

اقیانوس آرام

Ειρηνικός Ωκεανός

اقیانوس هند

Ινδικός Ωκεανός

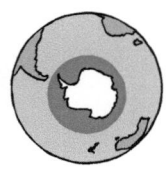

اقیانوس منجمد جنوبی

Ανταρκτικός Ωκεανός

اقیانوس منجمد شمالی

Αρκτικός Ωκεανός

قطب شمال

Βόρειος Πόλος

قطب جنوب

Νότιος Πόλος

قاره قطب جنوب

Ανταρκτική

زمین

Γη

خشکی

γη

دریا

θάλασσα

جزیره

νησί

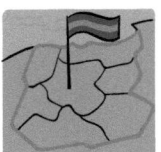

ملت

έθνος

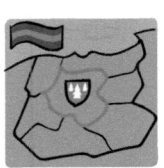

کشور

πολιτεία

روی ساعت

καντράν ρολογιού

عقربه ساعت شمار

ωροδείκτης

عقربه دقیقه شمار

λεπτοδείκτης

عقربه ثانیه شمار

δείκτης δευτερολέπτων

ساعت چند است؟

Τι ώρα είναι;

روز

ημέρα

زمان

χρόνος

اکنون

τώρα

ساعت دستی دیجیتل

ψηφιακό ρολόι

دقیقه

λεπτό

ساعت

ώρα

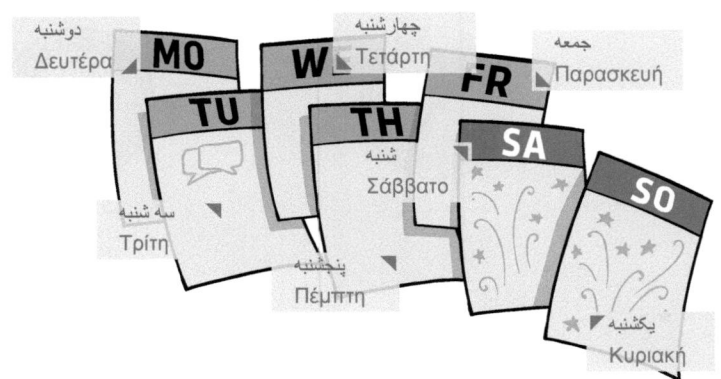

دوشنبه
Δευτέρα

چهارشنبه
Τετάρτη

جمعه
Παρασκευή

سه‌شنبه
Τρίτη

شنبه
Σάββατο

پنجشنبه
Πέμπτη

یکشنبه
Κυριακή

دیروز
χθες

امروز
σήμερα

فردا
αύριο

صبح
πρωί

ظهر
μεσημέρι

غروب
βράδυ

MO	TU	WE	TH	FR	SA	SU
1	2	3	4	5	6	7
8	9	10	11	12	13	14
15	16	17	18	19	20	21
22	23	24	25	26	27	28
29	30	31	1	2	3	4

روزهای کاری
εργάσιμες ημέρες

MO	TU	WE	TH	FR	SA	SU
1	2	3	4	5	6	7
8	9	10	11	12	13	14
15	16	17	18	19	20	21
22	23	24	25	26	27	28
29	30	31	1	2	3	4

آخر هفته
Σαββατοκύριακο

سال
έτος

باران
βροχή
رنگین کمان
ουράνιο τόξο
برف
χιόνι
شمال
άνεμος
بهار
άνοιξη
خزان
φθινόπωρο
تابستان
καλοκαίρι
زمستان
χειμώνας

4.APRIL 11°
5.APRIL 4°
6.APRIL 13°
7.APRIL 8°
8.APRIL 10°

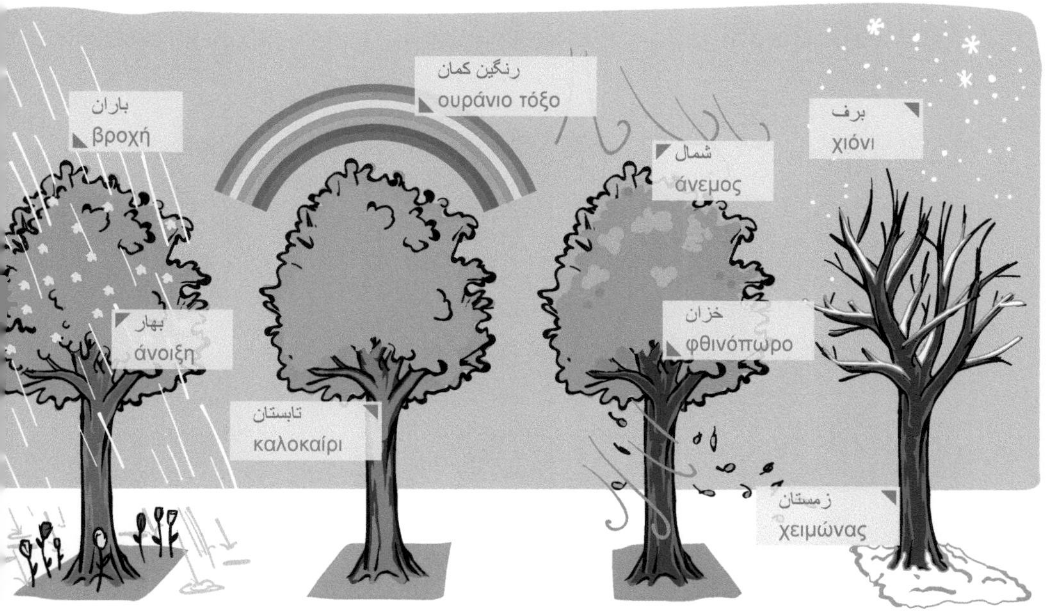

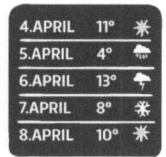

پیش بینی آب و هوا
πρόγνωση καιρού

F C
120 40
90 30
60 20
30 10
0 0
-30 -10
-20

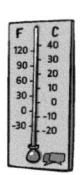

ترمامیتر
θερμόμετρο

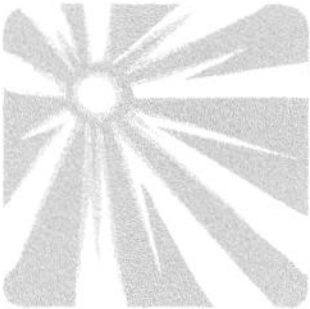

آفتاب
λιακάδα

ابر
σύννεφο

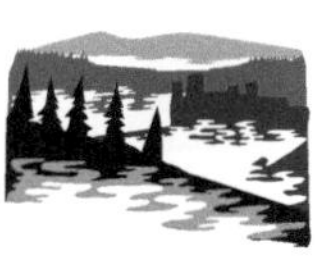

غبار
ομίχλη

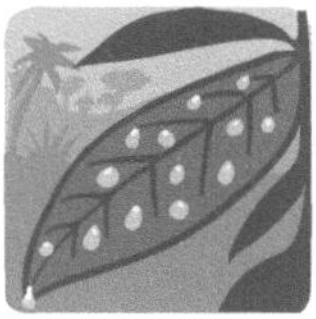

رطوبت
υγρασία

رعد و برق

αστραπή

الماسک

κεραυνός

طوفان

καταιγίδα

ژاله

χαλάζι

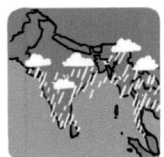

موسم بارندگی

μουσώνας

سیل

πλημμύρα

یخ

πάγος

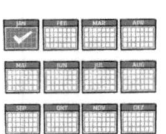

جنوری

Ιανουάριος

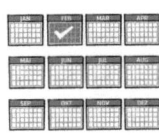

فبروری

Φεβρουάριος

مارچ

Μάρτιος

اپریل

Απρίλιος

می

Μάιος

جون

Ιούνιος

جولای

Ιούλιος

اگست

Αύγουστος

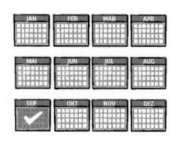

سپتمبر

Σεπτέμβριος

اکتوبر

Οκτώβριος

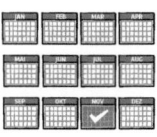

نومبر

Νοέμβριος

دسمبر

Δεκέμβριος

دايره

κύκλος

مربع

τετράγωνο

مستطيل

ορθογώνιο
παραλληλόγραμμο

مثلث

τρίγωνο

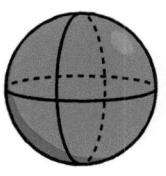

کره

σφαίρα

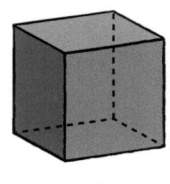

مكعب

κύβος

سفید
....
άσπρο

زرد
....
κίτρινο

نارنجی
....
πορτοκαλί

گلابی
....
ροζ

سرخ
....
κόκκινο

بنفش
....
μωβ

آبی
....
μπλε

سبز
....
πράσινο

نصواردا/قهوه یی
....
καφέ

خاکستری
....
γκρι

سیاه
....
μαύρο

زیاد / کم
....
πολύ / λίγο

عصبانی / آرام
....
θυμωμένος / ήρεμος

مقبول / بدرنگ
....
όμορφος / άσχημος

آغاز / پایان
....
αρχή / τέλος

بزرگ / کوچک
....
μεγάλος / μικρός

روشن / تیره
....
φωτεινός / σκοτεινός

برادر / خواهر
....
αδελφός / αδελφή

پاک / کثیف
....
καθαρός / λερωμένος

کامل / ناقص
....
πλήρης / ατελής

روز / شب
....
ημέρα / νύχτα

مرده / زنده
....
νεκρός / ζωντανός

عریض / باریک
....
φαρδύς / στενός

خوراکی / غیر خوراکی

βρώσιμος / μη βρώσιμος

عصبانی / دوستانه

κακός / ευγενικός

هیجان زده / کسل

ενθουσιασμένος / βαριεστημένος

چاق / لاغر

παχύς / λεπτός

اول / آخر

πρώτος / τελευταίος

دوست / دشمن

φίλος / εχθρός

پر / خالی

γεμάτος / άδειος

سخت / نرم

σκληρός / μαλακός

سنگین / سبک

βαρύς / ελαφρύς

گرسنگی / تشنگی

πείνα / δίψα

بیمار / سالم

άρρωστος / υγιής

غیر قانونی / قانونی

παράνομος / νόμιμος

باهوش / احمق

έξυπνος / χαζός

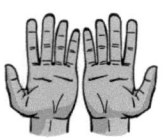

چپ / راست

αριστερός / δεξιός

نزدیک / دور

κοντινός / μακρινός

نو / کهنه

καινούριος /
μεταχειρισμένος

هیچ چیز / چیزی

τίποτα / κάτι

پیر / جوان

γέρος | νέος

روشن / خاموش

αναμμένος / σβηστός

باز / بسته

ανοιχτός / κλειστός

بی صدا / پر سر و صدا

χαμηλόφωνος /
μεγαλόφωνος

ثروتمند / فقیر

πλούσιος / φτωχός

صحیح / غلط

σωστός / λανθασμένος

ناهموار / هموار

τραχύς / λείος

غمگین / خوشحال

υπημένος / χαρούμενος

کوتاه / بلند

κοντός / μακρύς

آهسته / سریع

αργός / γρήγορος

تر / خشک

υγρός / στεγνός

گرم / سرد

ζεστός / δροσερός

جنگ / صلح

πόλεμος / ειρήνη

0
صفر
....
μηδέν

1
یک
....
ένα

2
دو
....
δύο

3
سه
....
τρία

4
چهار
....
τέσσερα

5
پنج
....
πέντε

6
شش
....
έξι

7
هفت
....
εφτά

8
هشت
....
οκτώ

9
نه
....
εννιά

10
ده
....
δέκα

11
یازده
....
έντεκα

12

دوازده

δώδεκα

13

سیزده

δεκατρία

14

چهارده

δεκατέσσερα

15

پانزده

δεκαπέντε

16

شانزده

δεκαέξι

17

هفده

δεκαεφτά

18

هجده

δεκαοκτώ

19

نوزده

δεκαεννέα

20

بیست

είκοσι

100

صد

εκατό

1.000

هزار

χίλια

1.000.000

میلیون

εκατομμύριο

اعداد - αριθμοί

انگلیسی

Αγγλικά

انگلیسی امریکایی

Αμερικάνικα Αγγλικά

چینی ماندارین

Μανδαρίνικα Κινέζικα

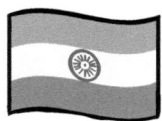

هندی

Χίντι

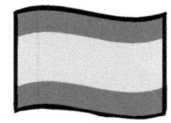

اسپانیایی

Ισπανικά

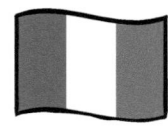

فرانسوی

Γαλλικά

عربی

Αραβικά

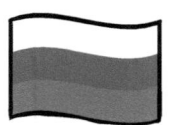

روسی

Ρώσικα

پرتغالی

Πορτογαλικά

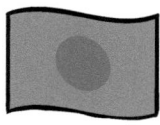

بنگالی

Μπενγκάλι

آلمانی

Γερμανικά

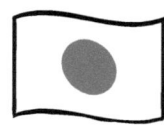

جاپانی

Ιαπωνικά

من

εγώ

شما

εσύ

او / او / آن

αυτός / αυτή / αυτό

ما

εμείς

شما

εσείς

آن ها

αυτοί / αυτές / αυτά

کی؟

ποιος / ποια / ποιο;

چی؟

τι;

چطور؟

πώς;

کجا؟

πού;

چه وقت؟

πότε;

اسم

όνομα

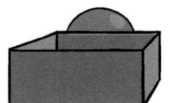

عقب

πίσω

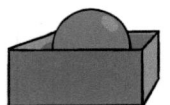

در

μέσα

پیش روی

μπροστά

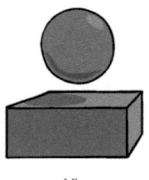

بالا

πάνω από

روی

πάνω

زیر

κάτω

پهلو

δίπλα

میان

ανάμεσα

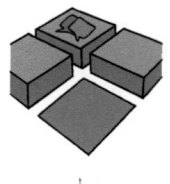

محل

μέρος